Jean MWENYIHERI MULEVU

L'alcoolisme

Une interpellation pour la pastorale de la famille

Essai

Éditions de l'Érablière

Jean MWENYIHERI MULEVU

L'alcoolisme

Une interpellation pour la pastorale de la famille

Essai

Éditions de l'Érablière

Dépôt légal : 2014
Bibliothèque et Archives nationales du Québec
Bibliothèque et Archives Canada
©Editions de l'Erablière
C.P. 8886, succ. Centre-ville
Québec, Canada (H3C3P8)
Droits de traduction et de reproduction réservés pour tous les pays.
Toute reproduction, même partielle, de cet ouvrage est interdite
ISBN 9782981497789

« Avec le vin ne fais pas le brave, car le vin a perdu bien des gens. La fournaise éprouve la trempe de l'acier, ainsi le vin éprouve les cœurs dans un tournoi des fanfarons. Le vin c'est la vie pour l'homme, quand on en boit modérément. Quelle vie mène-t-on privé de vin ? Il a été créé pour la joie des hommes. Gaieté du cœur et joie de l'âme, voilà le vin qu'on boit quand il faut et à sa suffisance. Amertume de l'âme, voilà le vin qu'on boit avec excès, par passion et par défi. L'ivresse excite la fureur de l'insensé pour sa perte, elle diminue sa force et provoque les coups. Au cours d'un banquet ne provoque pas ton voisin et ne te moque pas de lui s'il est gai, ne lui adresse pas de reproche, ne l'agace pas de tes réclamations » (Si 31,25-31)

A tous ceux qui aiment Dieu ;
A tous les jeunes (filles et garçons) ;
A tous les jeunes en formation (étudiants et élèves) ;
A tous les parents ;
A tous les aumôniers, animateurs et encadreurs de la jeunesse ;
A tous ceux qui aiment le développement de notre pays ;
Je dédie ce travail.

PREFACE

Boire ! Quoi de plus naturel ?

Hommes et animaux posent ce geste qu'on qualifierait, en morale, d'acte de l'homme. Mais lorsque l'homme lucide et responsable commence à discerner ce qu'il faut, quand, où et avec qui « boire », alors seulement, commence une quête éthique qui peut aboutir à des actes humains, digne de foi.

Ce travail de réflexion pastorale que nous propose l'Abbé Jean MWENYIHERI est un trésor qui rejoint non seulement la vie quotidienne des jeunes, mais aussi interpelle la vie familiale et engage le destin de tout un peuple. L'enjeu est de taille :

Il dérobe le simple fait de « boire un coup », « à la santé », de célébrer la vie lors des diverses circonstances de convivialité ;

Il concerne la santé individuelle, personnelle, collective et, en même temps, engage en quelque sorte, le projet de vie, les relations interpersonnelles, la gestion de la propriété privée et du bien commun ;

Le phénomène de l'alcoolisme est paradoxalement un indice de « mal être » et de « parlêtre »[1] individuel et collectif, disons simplement, signe de malaise social, aux conséquences dramatiques.

Personne ne saurait l'ignorer au risque de la responsabilité qui incombe aux membres des familles, aux responsables politiques, religieux et à tous les éducateurs à la vie citoyenne.

A ce sujet, la littérature sapientielle des Bashi est riche en enseignement : elle conjugue harmonieusement l'humour,

---
[1] https://www.cairn.info/revue-l-en-je-lacanien-2008-2-page-23.htm

l'ironie et les conseils pratiques. Comme le bon vin des noces de Cana, l'auteur place cette sagesse proverbiale en annexe de son travail. Ceux qui en savoureront la pertinence, découvriront qu'elle peut servir comme apéritif, comme accompagnement ou comme dessert succulent digne de boisson aromatisée.

Nous félicitons et encourageons l'auteur de cette « œuvre de prémices » qui révèle l'intuition d'un pasteur attentif aux questions de société et ouvert à des propositions théologiques incarnées.

Nous ne pouvons que recommander ce trésor aux médecins, aux enseignants, aux psychologues, aux sociologues, aux philosophes, aux pasteurs et aux personnes de bonne volonté. Mieux encore, ce travail offre une opportunité à tout acteur social en vue d'un rendez-vous interdisciplinaire : là, les chrétiens ont à œuvrer avec les autres, pour un mieux-être ensemble raisonné et lucide, sur les vraies questions sociales de notre temps.

En effet, « les rencontres, quand elles sont vécues en vérité, poussent chacun à approfondir ce qui le fait vivre, à découvrir ce que son chemin a de plus spécifique. Le contact avec les autres est stimulant. Il peut dérouter, bien sûr, au sens étymologique d'éloigner de la route que l'on suivait. Mais, il peut aussi, à travers tours et détours, jouer le rôle d'une révélation et aider chacun à aller son propre chemin avec plus de vérité. » (Comeau, 2004, p.6). Cela est aussi vrai pour l'apostolat auprès des alcooliques. C'est ce regard d'espérance qui devrait nous habiter en tant qu'éducateurs de la jeunesse.

A l'école de Gad ROGERS, éducateur psychologue américain, nous croyons, nous aussi, que « tous les hommes ont une orientation positive, il n'y en aura pas le plus profond même en psychothérapie, même chez les plus perturbés cela reste vrai. La découverte de cette tendance toujours positivement orientée – mais il faut le détecter et le mettre à jour — existe chez nous tous au niveau le plus profond. (…) Suis-je capable de voir l'autre comme une personne qui est en devenir où vais-je toujours le ligoter à son passé. Confirmer signifie accepter toutes les potentialités, toutes les capacités de l'autre qu'il est bien plus capable qu'on imaginait. Mais "vas-y" c'est tout le principe en sport : en disant ne te décourage pas tu vas y arriver, tu en es capable etc., ne te regarde pas en négatif. Si j'accepte l'autre comme quelque chose de figée, déjà diagnostiquée et classée, déjà formée par son passé, je contribue à enfermer en lui-même au lieu de le rendre créateur. » (Daniel, 2011, p.84).

Rendre les alcooliques créateurs et susciter en eux les capacités cachées au fond de leur être blessé, telle est la mission qui nous attend : elle exige de nous un autre regard confiant et respectueux sur toute personne, spécialement, sur les plus pauvres. Pratique, un regard qui protège et qui rend capable.

Abbé Roger RUBUGUZO MPONGO

Professeur au Grand Séminaire de Théologie Saint Pie X de Murhesa/Bukavu et à l'UCB

AVANT-PROPOS

Jamais cette entreprise n'aurait abouti sans le secours de la Providence. Je ne peux que reconnaitre sa bienveillance. *Dieu, ma joie, Tu es le souffle de ma vie, Tu es la source de mon chant, tu es le rythme de mon sang, tu es le feu qui m'a saisi ! Merci !*

A la famille MULEVU, à laquelle Dieu a confié ma vie et où j'ai appris à vivre avec et pour les autres, je dis toute ma gratitude. Souvenez-vous Seigneur que notre vie vous appartient.

En même temps, je ne puis omettre le louable service rendu par l'Abbé Roger MPONGO et le Père Bernard (moine) pour la direction de ce texte afin de me propulser dans le monde des scientifiques. Combien ne suis-je pas redevable à leur haute compétence comme leur dévouement ?

Depuis le début de mon ministère sacerdotal, mon expérience pastorale en paroisse à travers l'accompagnement des jeunes et des familles m'ont permis de toucher du doigt certaines réalités concrètes dans les familles et communautés. Je remercie de tout cœur tous ceux-là car ils ont enrichi ma réflexion.

Je reste reconnaissant envers les personnes de bonne volonté qui m'ont soutenu moralement et matériellement pour la réalisation de ce livre.

Mon plus grand désir est que cet ouvrage procure des fruits féconds aux lecteurs et le souci inouï de le faire connaître aux plus éloignés. A tous ceux-là, j'exprime ma vive et sincère gratitude.

INTRODUCTION GENERALE

L'homme est un être social. Il est fils de sa société au sein de laquelle il voit le jour, grandit et meurt finalement. Il ne vit pas isolé : il mène ses actions dans sa société. C'est un microcosme qui-vit-avec. Par ce fait, il est un être de relation. Sa vie est faite pour et avec les autres, il communie et participe à l'épanouissement de toute la communauté. Selon un adage bantou : « l'homme n'est grand que dans la communauté ». En société, sa vie peut édifier harmonieusement cette grande famille ou bien susciter des interrogations soit positivement soit négativement. Cela dépend du moment, des circonstances, du milieu et du comportement de chacun (enfant, jeune, vieux, homme et femme).

Aujourd'hui, le problème d'alcoolisme en société interroge plus d'un. Tout le monde se trouvant à l'intérieur de la société est interpellé. Certains se taisent, par ignorance ou par distraction ne percevant ainsi aucun danger pour la génération future. D'autres se contentent de crier et chantent : « notre secours est dans le nom du Seigneur qui a fait le ciel et la terre ! » Oui mais, Dieu aime les contemplatifs actifs comme qui dirait « aide-toi et le ciel t'aidera ».Nos prières doivent naturellement déboucher sur l'action. Si Dieu nous a créés sans nous, Il ne nous sauvera pas sans nous ; nous devons coopérer à notre propre perfection, disait Saint Augustin.

D'autres encore se décident de crier au secours en dénonçant le mal qui les ruine en vue de prendre des précautions peut-être plausibles pour un avenir radieux. Pour eux, le temps du mutisme doit être révolu et le silence serait non seulement une tragédie mais également coupable. Par amour des autres, ils évitent un silence complice. D'ailleurs « l'amour chrétien pousse à dénoncer, à proposer et à s'engager en vue de projets culturels et sociaux, vers une action effective qui incite tous ceux qui ont sincèrement à cœur le sort de l'homme » (Conseil Pontifical Justice et Paix, 2007, paragr. 6).

L'alcoolisme qui menace quotidiennement la vie de la jeunesse est un véritable danger qui interpelle déjà notre conscience, notre avenir et notre pastorale auprès des familles ainsi qu'auprès de la jeunesse elle-même.

« A la santé ! » Cette exclamation se fait entre amis qui prennent un verre ensemble. Pourtant, des millions de personnes dans le monde creusent leur tombe en buvant excessivement de l'alcool. Le vin est paradoxalement moqueur, les boissons fortes sont tumultueuses, quiconque en fait excès n'est pas sage. Ne sois pas parmi les buveurs de vin car l'ivrogne s'appauvrit (cf. Pr 20,1 ; 23,20-23).

En effet, une société sans alcool, ça n'existe pas ! Aujourd'hui, nous savons que toutes les « boissons alcoolisées » ou « substances psycho-actives » agissent sur le cerveau selon les mêmes modalités, qu'il s'agisse de drogues illicites, d'alcool, de tabac ou de médicaments. Il ne s'agit pas pour autant de nier que certaines sont plus dangereuses que d'autres. En fait, une boisson alcoolisée est une boisson (fermentée, macérée, distillée ou autre) contenant de l'alcool éthylique ou éthanol.

Nous savons aussi que les pratiques de consommation de ces boissons alcoolisées se sont profondément transformées et développées, notamment chez les jeunes : banalisation du cannabis, augmentation des états d'ivresse répétés, maintien de la consommation de tabac à un niveau élevé, arrivée massive des drogues de synthèse, prise de conscience du phénomène du dopage, recours de plus en plus fréquent aux médicaments, et surtout association régulière de plusieurs produits licites ou illicites consommés en même temps ou successivement.

Actuellement, nous savons que pour évaluer le danger d'une situation, les comportements et les contextes de consommation sont au moins aussi déterminants que les produits eux-mêmes. Il serait beaucoup mieux de s'attaquer à la cause qu'au fait en amont et en aval.

Pourquoi une rédaction sur l'alcoolisme ? L'édition de ce petit livre vise plusieurs objectifs. Tout d'abord, il cherche à mettre à la disposition de tous les informations aujourd'hui disponibles sur les boissons alcoolisées et les dépendances. Pour garantir l'objectivité et la fiabilité de ces informations, il s'appuie sur les rapports scientifiques les plus récents, ainsi que sur l'expertise de nombreux spécialistes. Ce livre informe sur les produits et leurs effets, mais aussi sur les facteurs de risque et les facteurs de protection. Il donne des éléments chiffrés ainsi que des informations utiles sur la loi, les traitements, les lieux d'accueil, etc.

Notre souhait est aussi qu'il réponde le mieux possible à la demande d'informations objectives. Nous voulons également qu'il aide à ouvrir un dialogue utile entre les jeunes et toutes les personnes qui les entourent, plus particulièrement les parents et leurs collaborateurs : l'Etat, l'Eglise, l'Ecole et bien d'autres cadres d'encadrement ou professionnels.

En effet, rien ne sert de conseiller aux parents de parler des boissons alcoolisées avec leurs enfants s'ils ne disposent pas d'arguments et d'éléments de connaissance nécessaires. C'est à partir de cette connaissance qu'ils pourront être mieux à l'écoute de leurs enfants, prendre conscience de leur vulnérabilité et de la gravité éventuelle des risques qu'ils prennent. Ils seront ainsi mieux à même de jouer leur rôle éducatif sans nécessairement avoir besoin de recourir à un spécialiste.

Dans ce contexte, la famille est considérée comme lieu par excellence de toute formation préparant à la vie intégrale et enracinement de la foi chrétienne. C'est pourquoi, en bon pasteur, Monseigneur MAROY F-X(2015), Archevêque de Bukavu, dans sa lettre pastorale dit à ce propos : « La foi sacramentelle doit retrouver toute sa profondeur et son importance dans la vie de nos familles. » (Mgr MAROY F-X., 2015, paragr.12). C'est un objectif modeste car une information, aussi bien faite soit-elle, ne suffit pas à elle seule à modifier des comportements. Il n'y a pas de société sans drogue, il n'y en a jamais eu. Il n'y a pas non plus de solution miracle, ni dans aucun pays du monde.

En revanche, il existe des réponses efficaces, afin d'éviter les consommations dangereuses et de réduire les risques lorsqu'il y a usage. Sans pouvoir répondre à tout, ce modeste travail peut néanmoins permettre à chacun d'avoir les repères essentiels pour voir ce qu'on ne regarde pas toujours, pour comprendre et pour agir.

Abbé MWENYIHERI MULEVU Jean

guerre et ses corolaires (viol, massacre). Elle est responsable, directement ou non, de beaucoup de décès par an, qu'il s'agisse des cirrhoses de foie, des encéphalopathies, des cancers des voies aérodigestives supérieures, surtout lorsqu'alcool et tabac sont associés. Elle est un facteur aggravant et un facteur directement causal d'environ un quart de l'ensemble des maladies. Elle est enfin responsable de nombreux accidents de circulation, de violences et irresponsabilité au sein de la famille (bagarre, injures, abandon des enfants, perte de personnalité), d'accidents du travail, de suicides, etc.

En outre, du fait de son effet désinhibiteur, l'alcool libère parfois une violence insoupçonnée et non maîtrisable et est à l'origine de comportements violents, notamment chez les jeunes, pouvant aller jusqu'à l'homicide.Ce phénomène date d'avant Jésus Christ. En témoignent ces adages :

— *Notre jeunesse est mal élevée :476 av. J.C*
— *Je n'ai plus aucun espoir dans cette jeunesse : 720 av.J.*
— *Ce monde a atteint un niveau de non-retour d'une jeunesse irresponsable : 2000 av. J.C*

Cette jeunesse est pourrie :3000 av. J.C (Muzigwa,2003 : http:// www. over-blog.com/articles-blog/2003)

Rappelons enfin que l'abus d'alcool peut être un facteur déterminant pour les pathologies mentales : dépressions, états anxieux, certaines psychoses, démences, folies, troubles, déséquilibres, aliénation, délires, névroses,... L'alcool est-il donc une drogue qui ne dit pas son nom ? Ne représente-t-il pas une forme de toxicomanie lorsque le consommateur a perdu la liberté de s'en abstenir ?

De fait, l'alcool peut donner lieu, s'il est consommé avec excès et dans la durée à une accoutumance, à une augmentation de la tolérance, à une forte dépendance psychologique et, dans bien des cas, à une dépendance physique. Et cela, d'une manière d'autant plus insidieuse que tous ne sont pas égaux devant l'alcool. C'est dans cette optique que Dr Jean ADES souligne : « La capacité, pour une substance dite psycho-active, d'induire des symptômes de sevrage (delirium tremens, épilepsie et autres...), d'être neurotoxique et de susciter un besoin intense de consommer à nouveau, définit sa nature de drogue. L'alcool répond évidemment à ce critère ». Commission Sociale de l'Episcopat de France (http://www.eglise.catholique-fr/ressource-annuaire).

Bien plus, si l'on considère les conséquences de l'abus de l'alcool sur la santé physique et mentale et sur la cellule familiale, il est possible de le considérer comme une drogue dure.

L'ALCOOL, UNE DROGUE DURE DONT L'USAGE EST CEPENDANT LICITE

Au contraire des drogues dures classiques (l'héroïne surtout), l'alcool est un produit psycho-actif complexe dont l'usage convivial et récréatif est possible, largement répandu, inscrit dans le patrimoine culturel et social. Source d'un plaisir gustatif, d'une euphorie légère harmonisant les liens sociaux, d'un certain art de vivre. Il peut être consommé longtemps et toujours, à doses modérées, sans induire ni toxicité ni dépendance. Il est l'un des éléments majeurs de la convivialité et de la fête. Selon la Bible, *« le vin réjouit le cœur de l'homme »(Ps 104, 15)*. Cet usage social, qui est le fait de la population dans sa majorité, n'est pas à confondre avec le mésusage destructeur que représentent les conduites alcooliques.

La consommation excessive, prolongée dans le temps, peut alors transformer le plaisir en besoin, le bien-être transitoire en mal-être somatique et psychique, le produit hédonique en drogue délétère. Le sujet perd alors toute liberté de décision, toute possibilité d'user ou non de l'alcool. C'est pourquoi l'alcool est une drogue dure « potentielle ».

PASSAGE DE L'ÉTAT MODÉRÉ À L'ÉTAT ABUSIF

Tout est toxique, tout n'est pas toxique c'est question de la modération. Les raisons qui peuvent conduire d'un usage modéré de l'alcool à une consommation abusive sont multiples. C'est une manière de dépasser ses limites, de se donner l'illusion de la liberté et de rétablir une harmonie perdue ou inconnue avec le monde et les autres. Un moyen de vaincre la solitude et la timidité, la perte d'estime de soi, de remplacer le manque de sens et l'absence des raisons de vivre. Une manière de ne pas penser ou de ne rien ressentir. Ou encore une fuite et un refuge dans des situations de fatigue, d'angoisse, face aux difficultés, aux échecs et aux malheurs de l'existence. Ou tout simplement une impossibilité, pour beaucoup, de résister, sous peine d'être marginalisés, aux multiples sollicitations quotidiennes, aux pressions sociales qui incitent à boire. Bref, c'est un moyen de noyer les chagrins qui nous hantent !

Mais, selon l'étude de docteur Olivenstein, la toxicomanie est **la rencontre d'un produit et d'une société.** « Le vrai problème est d'ordre psychologique. La drogue est un phénomène de société. Le toxicomane est malade de notre monde. Le phénomène de la drogue recouvre, avant tout, **une relation parents-enfants**. Il n'y a pas de milieu privilégié pour la toxicomanie. Chez certains jeunes, quelque chose qui peut paraître insignifiant va prendre une importance phénoménale ». (Dr OLIVENSTEIN cité par Dr LAFON dans le texte rédigé à partir d'une causerie à l'Association des Professeurs de Santé de Cauterets).

A dire vrai, la toxicomanie **est le signe de la non-adaptation de certains jeunes à la société qui leur est proposée**, et de la crise des modèles et des valeurs, qui sont pour lui d'indispensables points de repères.

En 2001, une étude sur les causes d'alcoolisation, (René Flurin) a donné plusieurs facteurs qui interviennent dans le basculement vers la drogue entre autres :

- **la curiosité**, le besoin d'expérimenter par lui-même, la mode, la pression du groupe, « faire comme les autres » pour être mieux intégré au groupe de jeunes. L'adolescent, mal à l'aise dans son corps, est hypersensible au jugement de son entourage.

— **la fascination du tabou** ; sa transgression est une des réalités de l'adolescence. L'adolescent a besoin de s'opposer pour se prouver qu'il peut être autonome.

- **le rejet des valeurs traditionnelles** et les contradictions qu'ils observent entre les valeurs prônées (respect de la personne, démocratie, refus de la violence, recherche de la justice) et les réalités du monde où ils vivent ou qu'ils découvrent à travers les média.

- **la recherche d'une communion avec autrui**. La drogue, notamment l'alcool et l'ectasie font souvent partie des manifestations communautaires de jeunes (sorties du week-end, rave parties…)

- **la fuite devant la souffrance, la solitude, les difficultés de l'existence, l'angoisse de l'avenir** : L'adolescent a un fond dépressif, traversé d'instants de morosité, de sentiments de vide et d'inutilité.

Or la drogue, si elle apporte momentanément un plaisir artificiel et illusoire enlève la volonté de chercher comment améliorer la vie quotidienne. Elle enlève à l'individu ses moyens de lutte pour une vie meilleure. *Elle est le trompeur par excellence.*

Sans doute, aucune de ces raisons ci-haut évoquées, ne constitue à elle seule une explication satisfaisante ou bien le sont-elles toutes ensemble, tant le glissement vers l'alcoolisme est un parcours individuel toujours mystérieux et souvent le symptôme d'une souffrance voilée d'un mal-être qui peut prendre de multiples facettes.

Ajoutons que, dans notre société, la vente et la consommation d'alcool, comme celles de toute drogue, bénéficient de puissants protecteurs qui trouvent toujours la faille pour proposer et vendre leur marchandise. Les alcooliers et leur publicité savent utiliser la logique d'une économie de marché et les ressorts psychologiques propres aux stratégies commerciales pour atteindre des publics diversifiés et stimuler la vente de leurs produits.

Ainsi, au cours des toutes dernières décades, l'alcoolisation a gagné l'ensemble de la planète. De plus en plus certains produits locaux, moins chers, concurrencent les boissons industrialisées, mais commettent les mêmes dégâts et produisent les mêmes conséquences sur la santé des consommateurs et sur les relations familiales et sociales.

En ces temps qui sont les derniers, l'alcool est beaucoup consommé dans notre pays. Actuellement les nouveaux patrons sont ceux qui organisent à la fois les bistrots, des maisons de tolérances et même des boutiques des boissons à forte dose. Tandis que bien de familles sont inquiètes devant la menace de la drogue, pourquoi l'usage abusif de l'alcool est-il considéré comme naturel, pourquoi est-il banalisé et soumis à une forte pression sociale ? Pourquoi minimiser les effets nocifs de l'alcool et de la drogue, etc. Et, pourtant la communauté politique a le devoir d'honorer la famille, de l'assister et de lui assurer :

— la liberté de fonder un foyer, d'avoir des enfants et de les élever en accord avec ses propres convictions morales et religieuses ;

— la protection de la stabilité du lien conjugal et de l'institution familiale ;

— la protection de la sécurité et de la salubrité, notamment à l'égard des dangers comme la drogue, la pornographie, l'alcoolisme, etc ». (Catéchisme de l'Eglise Catholique, 2011, paragr. 2211).

En outre, l'alcoolisme coûte plus cher à la nation qu'il ne rapporte. Il est donc temps que les messages de prévention affirmant et démontrant que l'alcool peut aussi être une drogue dure, soient suivis d'effets et donnent lieu à une prise de conscience collective. Il faut cependant reconnaître que l'alcool est une menace pour l'homme et même une bombe à retardement pour la société et pour l'Eglise. Il est par conséquent urgent d'attirer l'attention de l'opinion publique spécialement celle des communautés chrétiennes sur les potentialités lourdement destructrices de l'alcool, sur les complicités de la société dans l'alcoolisation et les défaillances en matière de prévention, d'éducation et de traitement.

Ne fermons pas les yeux devant ce fléau ni sous estimer le problème. Le danger est grand. Il est souhaitable également que tous s'interrogent quant à leur comportement à l'égard des victimes de l'alcool. Le silence est véritablement une lâcheté, il serait mieux enfin que chacun soit poussé à une action concrète et à un engagement dans le cadre des associations et des mouvements existants.

CHIMIE ET FABRICATION

CHIMIE

L'**éthanol** (CH_3CH_2OH), la substance active des boissons alcooliques, est presque toujours produit par fermentation alcoolique— la voie métabolique des glucides de certaines espèces de levures en l'absence d'oxygène. Les boissons alcoolisées avec une concentration supérieure à 40 % du volume sont facilement inflammables.

En chimie, le terme *alcool* désigne l'ensemble des composés organiques dans lesquels un groupe hydroxyle (—OH) est lié à un atome de carbone, qui à son tour est relié à d'autres atomes de carbone ou d'hydrogène. D'autres alcools tel que le propylène glycol et les polyols peuvent être présents de façon courante dans la nourriture et les boissons, mais cela ne fait pas d'eux des produits alcoolisés. Le méthanol (un seul carbone), le propanol (trois carbones), et le butanol (quatre carbones) sont tous des alcools très courants, mais aucun d'eux ne peut être consommé car ils sont toxiques.

L'alcool éthylique ou éthanol (C_2H_5OH) que l'on boit, est un liquide transparent et incolore que l'on trouve dans la bière, le vin et les spiritueux. Bien que traditionnellement considéré comme un dépresseur, l'alcool présente en fait un large spectre d'effets contradictoires. Il déprime ou stimule, tranquillise ou excite. Autrefois, l'alcool était utilisé en médecine pour soulager la douleur, faire tomber la fièvre ou apaiser les crampes d'estomac. Troubles spécifiques de distorsion de la ligne de temps.

FABRICATION

C'est la fermentation des sucres (glucose et fructose) contenus dans les fruits, les grains ou les racines (betterave) qui produit l'alcool. La boisson ainsi obtenue peut être distillée pour donner une eau-de-vie ou autre spiritueux. La distillation des résidus de pressurage donne le *marc*.

1° Typologie

Le degré d'alcool dans ces boissons varie selon le type :

Les cidres (de 1 % à 7 %) : Cidre, Poiré

Les bières (de 0 % à 15 %) : Ale, Cervoise, Dolo (bière de sorgho d'Afrique de l'Ouest) (de 2 % a 7 %), Lager, Lambic, Huangjiu chinois, communément traduit par « vin de céréales », Saké japonais, Zythogale

Les vins (de 8 % à 20 %, en général autour de 12 %) rouges, blancs, rosés ou pétillants.

Les spiritueux (à partir de 15 %) : Anisette, Amers (*bitters*), Amaretto, Aquavit, Absinthe, Arak, Armagnac, Bénédictine, Brandy, Calvados, Chartreuse, Cognac, Curaçao, Floc de Gascogne, Gin, Grappa, Kirsch, Liqueurs, Mei kwei lu chew, Ouzo, Pastis (dilué dans de l'eau), Pineau des Charentes, Pontarlier, Rakı, Rhum (ti-punch...), Sambuca, Tequila, Sodabi, Vins cuits, Vodka, Whisky (ou whiskey en Irlande) et ses variantes : *Scotch* (Écosse), *Bourbon* (É.-U.) et *Rye* (Canada), Élixirs et alcool brun.

Également parmi eux les alcools bruns (cognac, whisky..) des alcools blancs (rhum, vodka...).

Élixirs à base de plantes (environ 70 %), Élixir végétal (chartreuse forte, 71 %), (Cf.http://www.wikipedia.orange.fr/wiki/Boisson-alcoolisee#chimie-et-fabrication.)

Autres alcools

Hydromel (à base de miel) (13 % en moyenne), Hypocras, Ratafia, Alcools de palme : Koutoukou en Afrique de l'Ouest, Akpeteshie au Ghana, Nsamba ou Ntsamba aux deux Congo-Brazzaville et Congo-Kinshasa (de 5 % à 12 %), Kangala à Bunyakiri (Sud-Kivu).

Il existe aussi **les cocktails**, qui sont des mélanges de différents alcools et dont la teneur en alcool peut varier selon les taux des différents produits utilisés.

Réglementation

A. Réglementation mondiale

Nous n'avons pas la législation de chaque pays à notre portée, toutefois nous prenons à titre exemplatifs certains pays. Discothèque à Unirea en Roumanie.

En effet dans ce pays, la consommation d'alcool est strictement interdite avant de prendre le volant.

La possession, la consommation ou le commerce de boissons alcoolisées peuvent être réglementés ou interdits. Les peines encourues par les contrevenants peuvent inclure la prison ferme, ou, dans certains pays islamiques, le fouet. Par exemple, aux Maldives, les touristes en transit après un séjour en Inde ou au Sri Lanka se voient confisquer et mettre en consigne les bouteilles d'alcool qu'ils ont pu acheter hors taxes ; elles leur sont restituées lorsqu'ils quittent le pays.

Aux États-Unis et en Finlande, la vente d'alcool fut interdite durant la prohibition dans les années 1920.

En France, les descendants des soldats de Napoléon bénéficiaient du privilège des bouilleurs de cru, leur permettant de produire leur propre alcool. Néanmoins depuis 1959, ce privilège n'est plus transmissible par héritage.)

La conduite de véhicules sous l'emprise d'un état alcoolique est une infraction dans de nombreux pays (limite à 0,5 g/l en France, au Canada et en Suisse notamment.). Le règlement CEE n° 1576/89 du Conseil Européen du 29 mai 1989, établissant les règles générales relatives à la définition, à la désignation et à la présentation des boissons spiritueuses a été abrogé et remplacé par le règlement n° 110/2008, entré en vigueur en mai 2008.

En particulier, il précise les degrés minimum d'alcool pour pouvoir être livrés à la consommation humaine dans la Communauté. Les boissons spiritueuses énumérées ci-après doivent présenter le titre alcoométrique volumique minimal suivant :

40 % whisky/whiskey, pastis ;

37,5 % rhum, Rum-Verschnitt, eau-de-vie de vin, eau-de-vie de marc de raisin, eau-de-vie de marc de fruit, eau-de-vie de raisin sec, eau-de-vie de fruit, eau-de-vie de cidre ou de poiré, eau-de-vie de gentiane, gin/gin distillé, akvavit/aquavit, vodka, grappa, ouzo, Kornbrand ;

36 % brandy/Weinbrand ;

35 % boisson spiritueuse de céréales/eau-de-vie de céréales, anis ;

30 % boisson spiritueuse au carvi (sauf akvavit/aquavit) ;

25 % boisson spiritueuse de fruit ;

15 % boisson spiritueuse anisée (sauf ouzo, pastis et anis).

B. LIMITES D'ÂGE LÉGAL À TRAVERS LE MONDE

Suivant le pays, l'âge à partir duquel un individu peut légalement consommer de l'alcool peut être différent. Pour l'essentiel l'âge moyen se situe entre 18 ans et 21 ans. Cependant certains pays sont plus permissifs que d'autres. Aux États-Unis, la vente d'alcool est interdite aux moins de 21 ans dans la majorité des États.

Certains états islamiques conservateurs (l'Arabie saoudite, le Koweït, l'Iran, l'émirat de Charjah) interdisent totalement la consommation d'alcool.

En France, la vente d'alcool aux moins de 18 ans est interdite par la loi Bachelot de mars 2009. En Suisse, ainsi qu'en Belgique, la vente de bière, vin et cidre est interdite aux moins de 16 ans, alors que les spiritueux et apéritifs le sont aux moins de 18 ans.

C. UNITÉ DE MESURE POUR LA CONSOMMATION

Pour estimer la quantité d'alcool pur consommé par une personne, l'unité d'alcool (et le « verre standard ») a été définie et reprise par l'OMS pour déterminer les seuils d'une consommation non dommageable pour la santé humaine. Une unité alcool représente 10 grammes d'alcool pur, ce qui correspond à peu près aux quantités standard servies dans les bars (d'où l'expression « verre standard »), soit un demi de bière (25 cl) à 5°, un ballon de vin ou une coupe de champagne (10 cl) à 12°, ou encore un verre de whisky (3 cl) à 40°.

Sa consommation peut être quantifiée lors d'une occasion en verres standards. Ainsi, l'OMS recommande de ne pas dépasser 3 verres standards par jour pour les hommes et 2 pour les femmes, et jamais plus de 4 en une seule occasion. (cf. Commission Sociale de l'Episcopat de France (http://www.eglise.catholique-fr/ressource-annuaire))

EN RÉPUBLIQUE DÉMOCRATIQUE DU CONGO ?

A. LES CONGOLAIS SONT POUSSÉS À « L'IVROGNERIE »

Le mal congolais c'est le congolais lui-même. La situation actuelle à laquelle s'affronte la jeunesse congolaise par rapport à l'alcoolisme laisse à désirer. Elle sollicite l'intervention consciente et urgente de tout un chacun. Pour s'en rendre compte, il suffit de suivre les informations à la radio, des pages publicitaires à la télévision et à l'internet. Il ne manque ainsi d'information appuyant la consommation de boissons alcoolisées. Face à ce problème, l'on peut s'imaginer combien l'avenir de tout un peuple paraît déjà précaire et lourd. En fait, en République Démocratique du Congo, les jeunes s'empiffrent non seulement par plaisir mais aussi et souvent malgré eux. A cet effet plusieurs raisons entrent en jeu.

Aujourd'hui des maisons sont colorées et même les écoles sont utilisées pour la commercialisation des boissons. Les causes d'alcoolisme en RDC sont multiples. En RDC, l'alcool intervient dans toutes les cérémonies sociales : naissance, baptême, confirmation, mariage, loisirs, deuil et autres. Mais certaines personnes boivent pour être avec tout le monde ou par manque d'occupation. L'habitude de consommation des boissons alcoolisées laisse peu à peu se développer l'alcoolisme d'aisance particulièrement dans les milieux des gens aisés. Par contre, dans les milieux pauvres les gens n'ont pas assez souvent à manger à leur disposition seulement la boisson alcoolisée ; ils se contentent de cela en remplacement de la nourriture. Ils prennent la boisson alcoolisée pour atténuer la faim. C'est l'alcoolisme de l'indigence.

Dans les quartiers, villes, communes et avenues on retrouve les routes jonchées des débits de boisson, des maisons (les alimentations, boutiques, dépôts relais) de vente des boissons alcoolisées des sachets, en bouteilles et dans des flacons vendus à un prix bas et cela d'une manière incontrôlée. Cette situation favorise l'usage des boissons alcoolisées même à ceux-là ayant un revenu très bas. Arrêtons un instant notre attention sur les photos ci-dessous.

Primus, Skol, Simba, Turbo King, Doppel, Mützig, Tembo,... étaient des principales marques de bière distribuées en République Démocratique du Congo.

L'un de nos observateurs en République démocratique du Congo (RDC) pousse un coup de gueule contre les publicités pour des marques de bière qui couvrent les bâtiments des villes. *« Même les écoles sont peintes aux couleurs des marques de bière et d'autres servent à la vente de la bière ! »*

Depuis quelques temps, l'on constate une multiplication des publicités consacrées à la bière dans nos villes. Désormais, les maisons, les centres commerciaux et même les écoles sont peints aux couleurs de certaines marques de bière. C'est la conséquence de la concurrence que se livrent des brasseries du pays; Primus, Simba et Skol, qui misent sur la publicité pour accroître leurs ventes.

L'existence des brasseries est cruciale pour l'économie nationale, dans la mesure où elles créent des emplois et paient des impôts. Mais, pour autant, elles ne devraient pas user de moyens agressifs pour faire leur publicité. Elles doivent se faire à l'idée que, dans les villes, il n'y a pas que des adultes qui reçoivent leurs messages publicitaires et consomment leur bière avec modération. Il y a aussi des jeunes et des enfants qui sont tentés de boire jusqu'à l'ivresse. Comme nous l'avons dit, on connaît les conséquences de l'ivrognerie sur l'avenir des jeunes. Des petits clips à la télévision et des annonces à la radio suffiraient à attirer les consommateurs. On aimerait donc demander à l'État d'encadrer la publicité pour les boissons alcoolisées et de sévir contre tout excès.

B. LES PUBLICITÉS PLACARDÉES DANS NOS VILLES

Emerveillé par ces beaux-arts, un touriste étranger dont le nom reste inconnu s'est exclamé : « A dire vrai, les congolais se font traire comme des vaches par des gouvernants sans état d'âmes. Tous des affairistes et des corrompus jusqu'à l'os vivent le partage du gâteau et la loi du silence ! <u>Les Ecoles peintes aux couleurs des marques de bière</u> et d'autres servent à la vente des boissons ! Que les gens s'offrent un plaisir de boire de l'alcool, cela est à l'appréciation du consommateur. Quant à aller peindre des écoles aux couleurs publicitaires des marques et les transformer en des buvettes, me semble une bêtise humaine. Ils poussent trop loin le pion jusqu'à la dérive. L'école est trop sacrée. Epargnez nos enfants de cette sadique publicité. C'est irresponsable ».

C. TOUTE UNE GÉNÉRATION RISQUE D'ÊTRE SACRIFIÉE

Les grandes brasseries congolaises pratiquent de plus en plus une concurrence agressive pour écouler leurs produits. Il y en a même celles qui organisent des jeux concours consistant à décapsuler et à gagner un prix tels que voitures, maisons, téléphones portables et j'en passe. Parce que toute compétition exige des athlètes, des entrainements suffisants et appropriés pour remporter les trophées, alors les congolais sont de plus en plus nombreux à boire dans l'espoir de gagner et même les mineurs s'y impliquent activement. Quel danger pour un peuple qui veut se développer !

Pour en ajouter à cette ivrognerie de tout un peuple, il faut également parler de l'alcool pur à très forte teneur allant même jusqu'à 50 % ou plus et qui est vendu moins cher sur nos rues sans que les autorités puissent s'en préoccuper. En voici certaines : SIMBA WARAGI, FURAHA, LIQUEUR CAFE, B.T, BRANDY, OBAMA, CHAMPION, KANYANGA 500, KAPITA MBELE, KASUSU, GRAND 95, VENUS, KING FISH,TOFFE,FIMBO, SAPILO, CAFEROOM, KAHUZI, VIE FORCE, KITOMO, KASIKSI + VALIUM, KANGALA+JUS, KAZAMBA (essence aspirée. Cette pratique s'observe plus particulièrement chez les motards et chauffeurs), COL PATEX (aspiré et crée des réactions au cerveau), VINCAS (vin de canne à sucre), DIRECT, BOA, BUTUNDA mélangé au CHANVRE, RUBY, ROMI'S, etc.

Le problème de l'alcool est donc très sérieux en République Démocratique du Congo et si l'Etat congolais n'y veille pas, c'est toute une génération qui risque d'être sacrifiée par les méfaits de la consommation abusive de l'alcool. Il y a seulement une dizaine d'années, c'était des majeurs qui faisaient la publicité de la bière à la télévision, actuellement ce sont des mineurs et ils sont non seulement très nombreux dans les débits de boissons mais aussi ils font de l'alcool leur véritable compagne.

Il existe des jeunes qui vont jusqu'à amener la boisson dans leurs propres poches comme provision. Cette pratique peut s'observer chez les élèves et étudiants. En fait, ils sont dans l'ignorance car ils pensent que la boisson fait oublier les ennuis, elle réchauffe le corps, elle augmente leur performance sexuelle commandée par l'*eros (prostitution)* qui prive de la dignité et déshumanise. *Eros* non plus ne fait pas monter vers le Divin, mais il est chute, une dégradation de l'homme (cf. Benoît XVI, 2006, paragr.4).

Parfois la boisson alcoolisée est offerte à l'école lors des grandes cérémonies, par les amis qui s'en approvisionnent à la boutique et/ou à l'alimentation, auprès des petits étalages de la ville et avenues. Les lieux de loisirs, les promenades, les maisons de spectacles, les maisons de tolérance,... présents dans nos communes influencent ou facilitent la vente et la consommation des boissons alcoolisées.

SANTÉ

Au niveau mondial, l'alcool est considéré comme le troisième facteur de risque de morbidité, après l'hypertension artérielle et le tabac. En Europe occidentale, il est le quatrième facteur de risque, après le surpoids.

PHYSIOLOGIE

L'absorption d'alcool a des incidences physiologiques et psychologiques diverses.

1° Effets de court terme.

L'alcool est un dépresseur du système nerveux central et agit principalement sur le jugement mais aussi sur les fonctions motrices. Les premiers effets de l'alcool peuvent apparaître en moins de 5 minutes après absorption. Ses effets sont notamment une légère euphorie, une perte partielle de la gêne et l'impression de mieux exprimer ses pensées, ses émotions ou son état d'être. Mais aussi un allongement, non perceptible, du temps de réaction, de l'ordre de 30 % de plus pour une action réflexe avec un taux de 0,50 g/l. À forte dose, l'alcool agit sur les fonctions motrices ; une perte d'équilibre peut se faire sentir, ainsi que des troubles de coordination et de la vision, étourdissements, parfois accompagnés de nausées et de vomissements, une insensibilité à la douleur et même parfois au toucher. Sur le plan psychologique, l'alcool peut altérer la capacité de jugement, la rapidité de la prise de décision, ainsi que la mémoire immédiate. Il peut conduire à des troubles émotionnels pouvant mener à un état dépressif.

2° Troubles et dépendance.

La consommation de boissons alcooliques, tant aiguë que chronique, peut mener à des troubles sévères (alcoolisme ou binge drinking).

3° Lésions cérébrales.

Une consommation excessive d'alcool (*binge drinking*), même de manière occasionnelle, entraîne des lésions irréversibles au cerveau. De même, la question de la nocivité de l'éthanol sur les neurones est toujours en suspens.

4° Grossesse.

Un risque spécifique concerne les enfants nés de mères ayant consommé pendant leur grossesse. Voir syndrome d'alcoolisation fœtale.

5° Cancers.

L'alcool, même à dose modérée, accroît le risque de survenue de plusieurs types de cancers (l'éthanol est classé dans la liste de cancérogènes du groupe 1 du CIRC). Le risque est plus élevé pour les consommations importantes. Par exemple, d'après le Centre international de recherche sur le cancer (CIRC), une femme consommant 50 g d'alcool par jour (5 verres de bière ou 5 verres de vin) augmente son risque de développer un cancer du sein de 50 %. Mais pour 18 g/jour (2 verres) l'augmentation reste déjà significative (+ 7 %). (Cf.

http://www.wikipedia.orange.fr/wiki/Boisson-alcoolisee#chimie-et-fabrication.)

En 2011, une recherche (Madlen Schutze) a démontré que les études se contredisent au sujet de la consommation modérée: ainsi, des études ont fixé la limite de consommation ayant des effets bénéfiques à 3 verres pour les hommes et 2 pour les femmes, une étude plus récente de l'Inca, préconise l'abstinence complète (Cette dernière étude statistique ne prenant apparemment pas en compte la consommation ou non de tabac chez les sujets interrogés, il convient cependant de la prendre avec circonspection). Une étude de cohorte européenne de prospective sur la relation nutrition et cancer (EPIC) en 2011 précise les taux de cancer : pour une consommation supérieure à 24 g/jour chez les hommes (12 g/jour chez les femmes), 10 % des cancers chez l'homme — dont plus de 50 % des cancers des voies aérodigestives supérieures, du foie et colorectal — sont attribuables à l'alcool (3 % chez la femme dont 80 % des cancers des voies aérodigestives supérieures, du foie, colorectal et du sein).

6° Visage

L'alcool dilate les vaisseaux sanguins, ce qui donne, en cas de consommation chronique, un visage rosé/rouge (pour les personnes leucodermes), voire œdémateux et violacé avec des yeux rougis.

7° Impact cardio-vasculaire.

Cette question a fait l'objet de publications contradictoires et d'une grande médiatisation. À la lecture des résultats d'enquêtes prouvant la plus faible mortalité cardiovasculaire en Grande-Bretagne qu'en France (années 1980), on a été amené à penser que la consommation modérée d'alcool réduisait le risque de survenue de maladies cardio-vasculaires ainsi que la mortalité secondaire associée à ces dernières. Cette diminution du risque a été retrouvée quel que soit le type d'alcool absorbé. Ces résultats sont toutefois contestés par une étude de 2007 qui fait l'analyse des travaux antérieurs à partir d'une hypothèse de Shaper et ses collègues. La plupart des études à ce sujet reposeraient en effet sur une erreur systématique consistant à inclure dans la catégorie des abstinents les personnes qui ont diminué ou arrêté leur consommation d'alcool à cause de leur problème de santé ou la prise de médicaments. Les quelques études qui ne commettent pas cette erreur montrent le même risque de maladies cardio-vasculaires pour un abstinent, que pour un consommateur léger ou un modéré. D'autres soulignent que ces études ont été réalisées alors que l'épidémiologie française était en retard sur la britannique.

On a longtemps cru, à tort, que *« l'alcool donnait des forces » ou qu'il réchauffait ou encore que c'est « le sang des hommes »*. Il s'agirait plutôt des propriétés vaso-dilatatrices et cardio-vasculaires conjuguées qui produisent une sensation de bien-être. Globalement, en dépit des quelques effets positifs éventuellement observés, l'alcool reste un problème de santé publique majeur dans de nombreux pays du monde.

8° Circuit dans l'organisme

L'alcool ingurgité arrive dans l'estomac avant de migrer vers le petit intestin. Après environ une demi-heure (variant si le consommateur est à jeûne car la présence d'aliments retarde le passage de l'alcool de l'estomac à l'intestin) l'alcool passe directement dans le sang. Il rejoint ensuite tous les organes et en particulier le cerveau et le foie. Ensuite, l'alcool non métabolisé par le foie le quitte pour aller vers le cœur.

9° Impact sur la vie spirituelle

L'alcoolisme détourne l'homme de Dieu. La prière, la messe, les activités religieuses importent peu pour un ivrogne. Il devient sûr de lui-même et ne rend grâce qu'à Bacchus, dieu des ivrognes. Alors, quelle est la place de Dieu dans la vie humaine ? Dieu compte moins. Cette manière de vivre conduit l'ivrogne à préférer le diable à Dieu. Celui qui ne prie pas Dieu, il prie le diable, celui qui n'adore pas Dieu adore alors le démon, dit-on. Donc l'alcoolisme est une bonne cause de la crise spirituelle, de la léthargie et sécheresse spirituelle. Celui-là a déjà fait de son ventre son dieu.

IMPACT DE L'ALCOOLISME SUR LA VIE PROFESSIONNELLE

C'est une évidence que le travail est un droit fondamental et c'est un bien pour l'homme. Un bien utile, digne de lui car apte à exprimer et à accroître la dignité humaine. L'Eglise enseigne la valeur du travail non seulement parce qu'il est toujours personnel, mais aussi en raison de son caractère de nécessité. Le travail est nécessaire pour fonder et faire vivre une famille, pour avoir un droit à la propriété, pour contribuer au bien commun de la famille humaine (cf. Conseil Pontifical Justice et paix, 2007, paragr. 287)

La considération des implications morales que comporte la question du travail dans la vie sociale conduit l'Eglise à qualifier le chômage de « véritable calamité sociale ». C'est faisant, celui qui est sans emploi ou qui est sous-employé subit, de fait, les conséquences profondément négatives que cette condition entraîne sur sa personnalité et il risque d'être placé en marge de la société, de devenir une victime de l'exclusion sociale. (Cf. Catéchisme de l'Eglise Catholique, paragr. 2436).

Or, sachant toutes ces conséquences qui dérivent du chômage, certaines personnes ont accepté une telle condition de vie partant de leur conduite morale au travail. Aujourd'hui l'alcoolisme abusif en est devenu une des raisons majeures qui font perdre quelqu'un son emploi. C'est donc un drame qui frappe, en général, non seulement les jeunes, mais aussi les femmes et les hommes majeurs. En fait, « le maintien d'un emploi dépend toujours plus des capacités professionnelles ». (Conseil Pontifical Justice et Paix, 2007, paragr.290). L'alcoolisme et le travail sont naturellement incompatibles :

1° EN ENSEIGNEMENT :

Un professeur, aussi nommé enseignant, est une personne chargée de transmettre des <u>connaissances</u> ou des <u>méthodes</u> de raisonnement à autrui dans le cadre d'une <u>formation</u> générale ou d'une formation spécifique à une matière, un domaine ou une <u>discipline scolaire</u>. La plupart du temps, le professeur enseigne à un ou plusieurs élèves ou étudiants dans le cadre d'un <u>cours</u> donné au sein d'une institution scolaire et universitaire. Pour exercer son métier, l'enseignant possède idéalement une certaine <u>compétence</u> <u>pédagogique</u> généralement acquise par l'<u>expérience</u> ou au cours d'une formation spécialisée.

Un enseignant alcoolique lui, dit souvent qu'après avoir pris un verre, il dispense bien la matière. En fait, c'est une manière de vouloir justifier un comportement. Eu égard à ce qui précède, l'usage de l'alcool dans la carrière enseignante ne doit pas être considéré comme un bon stimulant pour transmettre aisément la connaissance à ses auditeurs. Au contraire, à cause de l'alcoolisme, l'enseignant détruit toutes ses qualités de confiance et de respect qu'il avait en ses élèves et leurs parents.

Faute de l'alcoolisme :

— Son état d'ébriété le détruit (maigre car il mange rarement, moins stylé devant ses élèves ou étudiants, il remplace difficilement ses habits, mauvaise maîtrise de son système physiologique, l'agressivité et la négligence s'observent facilement chez lui,…) ;

— il devient vague et plein de confusion dans la matière ;

— il ne suit plus de méthodes pédagogiques ;

— il est plus corruptible possible ;

—il est moins discipliné.

2° ORGANISATION SANITAIRE :

C'est vraiment noble et sage d'être médecin. Beaucoup de gens souhaitent le devenir mais ils ne parviennent pas soit que le moyen financier fait défaut soit que l'intelligence déclasse le candidat. En médecine, tout le corps soignant (médecin et tout le staffe médical) touche à la vie humaine. Même si personne ne peut dérouter le plan divin, ces gens sont capables de sauver une vie en péril ou bien la perdre volontairement ou involontairement. C'est pourquoi, c'est un danger et un malheur d'avoir des médecins alcooliques.

Un médecin alcoolique perd le plus souvent l'équilibre psycho-physiologique devant ses malades pendant la consultation surtout lorsqu'il s'agit des sexes opposés. Un médecin alcoolique peut soit surdoser la cure à prescrire au patient soit lui donner une cure incomplète soit manquer de rendre à celui-ci un suivi efficace pendant ce temps de souffrance.

Lorsqu'on est ivre, les nerfs s'affaiblissent et parfois les mains ne tiennent plus mieux. Ainsi, s'agissant de l'intervention chirurgicale, le médecin alcoolique tremble les mains. Averti du danger que cela comporte, le Docteur KLIBERT déconseille la profession aux médecins dont les mains tremblent et demande : « Quand vous opérez, maîtrisez votre main, car elle peut tuer ! La main qui tremble tue. » (Klibert, cité dans Muyumbu, 1993, p.15).

Par conséquent, le médecin ou l'infirmier ivrogne peut facilement envoyer au cimetière au lieu de relever. Face à tous ces dangers, il ne serait pas trop intransigeant de déconseiller l'alcoolisme dans la carrière médicale dans le cas contraire la profession sera décriée.

Ce qui déconcerte, par ailleurs, c'est de voir que les structures sanitaires présentes dans nos villes (les Hôpitaux, les Centres de santé mentale, les dispensaires,…) reçoivent et soignent les personnes consommatrices ou ayant bu des boissons alcoolisées mais n'en font pas rapport et se contentent de déclarer les maladies potentielles épidémiques ou repris sur le canevas du système d'information sanitaire.

3° CHAUFFEUR/MOTARD

Le métier du volant est de grand prix. Le conducteur a le privilège de conduire et protéger la vie jusqu'à destination. Mais ce qui s'observe généralement lorsque le chauffeur est dans l'état d'ivresse est tout à fait décevant. Lorsque le chauffeur ou bien le motard a pris un verre de trop, il a souvent comme tendance à :

— rouler à tombeau ouvert. Pourtant, plus on roule vite plus, plus on met sa propre vie en danger et celle de ses clients. Si on ne veut pas respecter sa vie, il faut au moins respecter celle d'autrui. La vie humaine est sacrée ; elle doit être respectée. (cf. Congrégation pour la doctrine de la foi,1987, paragr.1). Les accidents actuels de circulation ont en grande partie comme origine l'alcoolisme des conducteurs. Ce comportement ne peut-il pas être jugé de meurtrier ? Le cinquième commandement proscrit comme gravement peccamineux *l'homicide direct et volontaire (cf.Mt5,21-22)*. Le meurtrier et ceux qui coopèrent volontairement au meurtre commettent un péché qui crie vengeance au ciel. Le meurtrier ne serait-il pas le chauffeur ?

— l'agressivité et l'impolitesse envers les clients se marient (certains chauffeurs une fois ivres se contentent de jeter aux clients des injures).

— faire arriver les clients avec retard (un voyage qui prendrait 2heures prend toute une journée car le chauffeur s'est arrêté plusieurs fois dans les débits de boisson)

— désirer facilement ses clientes qu'il s'agisse de la femme d'autrui ou pas et parfois sans tenir compte de l'âge et du rang social de chacune.

— l'impatience et la non observance des codes routiers.

— L'incompréhension et la bagarre avec les agents routiers (roulages, soldats,...)

Eu égard à tout ce qui précède, l'homme au volant pourrait éviter l'alcoolisme qui semble compromettre sa noble tâche.

4° SENTINELLE

Une sentinelle a le privilège et l'honneur d'être guetteur veillant à la vie de son patron et à la sienne. C'est un homme de silence, de secret et de confiance. Elle avertit et alerte lorsqu'il y a un mouvement suspect dans son environnement. Par son zèle, elle met tout en ordre. Elle donne parfois sa vie en rançon pour sauver celle des autres (cf. Jn13, 1). C'est également un travail qui expose à la mort de tous deux.

Mais une sentinelle alcoolique s'expose elle-même à la mort ainsi que son chef car en sommeillant beaucoup pendant les heures du travail, elle ne contrôle et ne maîtrise plus rien.

Du coup, le danger mortel lui est imminent tout simplement parce que le voleur et parfois les hommes en tenue non autrement identifiés profitent de cet état d'inattention. Une sentinelle alcoolique est agressive et insoumise envers son maître.

De ce fait, l'alcoolisme est à déconseiller dans la vie de la sentinelle puisque une sentinelle alcoolique perd rapidement sa fonction et n'inspire pas confiance.

5° Agent de l'ordre (Soldat/policier)

On se fait soldat pour protéger la nation, sécuriser les citoyens et leurs biens. De cette façon, le peuple place en lui sa confiance. Un bon militaire est un homme brave, serviable, humble, discret, discipliné, courtois et bienveillant. Au moment de désolation nationale (guerre, viol, pillage,…) il remet l'ordre en place. On dirait qu'il est le gardien national qui sait défendre sa patrie en cas d'agression étrangère. Mais, un militaire alcoolique est un véritable danger et pour la nation et pour le peuple et pour lui-même. Il rançonne, inspire la peur, agresse le peuple, vole, viole, agit violemment, il peut prêter son arme aux malfrats pour piller,… Bref, il insécurise tout le monde en toute circonstance. On a partout les soldats aux barrières. On peut penser à tort ou à raison qu'ils ont missions de ne rien contrôler ni arrêter en cas de suspicion.

Ces boissons alcoolisées viennent d'où et passent par où ? Pourtant elles traversent frontières et barrières sans que les propriétaires ne soient interrogés. Ceci peut aussi permettre de dire que les soldats sont, en quelque sorte, complices de la vente illicite ou la consommation abusive des boissons fortement alcoolisées.

6° En administration politique

La gestion et l'organisation nationale sont un apanage des hommes politiques. Ils savent quand le pays va bien et quand il ne va pas. Ils savent également promouvoir le bien-être du peuple et régler la situation contraire à la promotion de la personne humaine. Il reste une évidence que la consommation abusive de l'alcool est un élément destructeur de la jeunesse.

Cependant, sachant que la vente des boissons alcoolisées est illicite, ceux qui sont sensés assurer l'ordre se rangent du côté des buveurs et vendeurs de ces boissons. Voilà un contraste. C'est pourquoi la réglementation d'usage des boissons alcoolisées souffre d'exécution. L'on ne tient pas compte ni de l'âge de la personne qui a accès au débit de boisson (adulte ou mineur) ni de temps en terme d'horaire (jour et nuit) ni du lieu. Or les garants de la loi de l'Etat n'ignorent pourtant pas que l'ivresse publique compte parmi les infractions de l'ordre public. L'ordonnance n°57du 10/06/1939 montre bien qu'il y a infraction lorsque :

- La personne est manifestement en état d'ivresse
- Elle se trouve sur la voie publique, dans un lieu accessible au public, ou sur lequel le public a vue directe.

Cette loi prévoit également des sanctions : deux ans de servitude pénale et/ou amande. Elle stipule que sera passible de la même sanction :

- Le débitant des boissons ou son préposé
- Qui aura servi, dans l'exercice de son commerce, des boissons enivrantes
- A une personne manifestement ivre (De QUIRINI, 2001, p.37)

Des mesures sont donc prévues pour protéger les jeunes contre l'alcoolisme. En laissant surtout les jeunes succomber à l'alcoolisme, les hommes de la politique semblent vouloir distraire ceux-ci pour ne pas se rendre compte de la dégradation de leur pays. En conséquence, cette jeunesse sera incapable de son destin. Cette dernière ne saura combattre les défis auxquels elle doit faire face. Il y a surtout les effets pervers et les dérives totalitaires de la mondialisation avec l'intrusion des idéologies modernes qui tendent à l'abattre. Une telle situation résulte de la mauvaise volonté de la politique qui n'ouvre pas le chemin de la prospérité nationale.

7° AGRICULTURE

L'agriculture figure parmi les grands secteurs économiques qui ouvrent à l'homme la voie de la puissance matérielle en tant que l'une des aspirations de plus en plus du genre humain. C'est pourquoi, le document conciliaire *« Gaudium et Spes »* soutenant le travail humain stipule : « Les travailleurs, les ouvriers et paysans, veulent non seulement gagner leur vie, mais développer leur personnalité par le travail, mieux, participer à l'organisation de la vie économique, sociale, politique et culturelle ».(Vatican II, 1965, Constitution pastorale. 'Gaudium et Spes', paragr.9,2)

Partant, l'homme alcoolique affaibli par la boisson alcoolisée ne sait pas se mettre au travail pour participer à cette vie de lutte que le monde d'aujourd'hui nous présente. Une personne humaine qui s'empiffre de la boisson alcoolisée a du mal à se lever le matin pour aller au travail. Dans son ivresse, il prolonge aisément son sommeil en s'offrant un repos paradisiaque. Il critique beaucoup ceux qui s'époumonent pour gagner la vie au prix de leur sueur en les jugeant des dépassés. Il est apte à livrer des informations du pays même les plus mensongères possibles. Il parle trop qu'il ne travaille. Il est paresseux. Il ne construise jamais sa hutte en ruine. Il envie plus qu'il ne cherche. Finalement il meurt de faim comme dit l'Abbé KAGARAGU Ntabaza : *« Mudahinga afa n'ishali. Ehingirwa, ci erhashundirwa »* (Kagaragu, 1979,-a, p.1). Ceci se traduit littéralement par : Celui qui ne travaille pas meurt de faim. On cultive pour son ventre mais on ne quémande pas pour lui. Bref, celui qui ne travaille se constitue en ennemi du développement international.

Dans le même ordre d'idée, l'homme de Dieu conseille plutôt :

« Bushi wahiganga, ye wanashenya.
Emikolo buli budaka (mijiminji)
Alalika boshi : abalume n'abakazi
Bayishe, bakole, bayubake, bo bakonkwa.
N'aban'omu masomo babone obulezi bwimana ».
(Kagaragu, 1988,-b, p.3).

La traduction du texte en mashi se présente comme suit : Le pays qui cultive est même celui qui rassemble du bois (ceci peut signifier que celui qui cultive a de quoi cuisiner, il a de quoi manger)

Les divers travaux s'enracinent dans le sol

Celui qui travaille invite tout le monde : hommes et femmes.

Qu'ils viennent, qu'ils travaillent, qu'ils construisent ; ce sont ceux-là les louables.

Et que les élèves jouissent d'une bonne éducation.

8° VIE SACERDOTALE

Le prêtre est un homme vêtu du caractère sacré car il a été choisi par Dieu et mis à part. Il agit « *in personna christi* ». Le catéchisme de l'Eglise catholique (2007, paragr.1552) nous rappelle que le sacerdoce ministériel n'a pas seulement pour tâche de représenter le Christ (Tête de l'Eglise) face à l'assemblée des fidèles, il agit aussi au nom de toute l'Eglise lorsqu'il présente à Dieu la prière de l'Eglise et surtout lorsqu'il offre le sacrifice eucharistique. Par conséquent, il a trois grands pouvoirs entre autre la sanctification du peuple de Dieu, la prophétie (proclamation de la Parole, l'enseignement) et le gouvernement de ce peuple (pasteurs du peuple).

Il est évident que la tâche du prêtre est très exigeante ; c'est un sacrifice. Lorsque le prêtre revient de la brousse, il rentre étant fatigué. Un verre pris au soir peut le reposer de quelque manière que ce soit. Il est tout à fait vrai qu'un prêtre ne manque pas du tout à boire. Il peut soit jouir de la générosité des chrétiens soit trouver à boire dans sa communauté respective. S'il n'est pas vigilant, il peut devenir alcoolique irrécupérable. Il a aussi des soucis, des chagrins et des stresses qu'il rencontre dans sa pastorale quotidienne.

La boisson alcoolisée est-elle le moyen efficace à panser ses difficultés ? Pas toujours sûr car les conséquences qui en découlent le plus souvent sont évidentes : la paresse pastorale, l'absence à la prière communautaire, l'insoumission aux exigences de la vie sacerdotale et aux autorités ecclésiastiques, le manque de temps pour écouter les fidèles, le manque de temps pour le dialogue, l'absence à la récréation communautaire, la libération par moment des querelles sous pression de l'alcoolisme. Parfois en état d'ivresse on se dit des « *vérités à jamais imaginées* » et on tombe dans l'indiscrétion. « *In vino veritas* », dit-on. L'alcoolisme pousse inévitablement le prêtre au manque d'estime envers les chrétiens et peut engendrer, de fois, des sérieux problèmes dans la préparation des homélies. L'improvisation gagne petit à petit le terrain. On s'occupe plus des futilités que de nécessaires.

Or le Pontife Romain François (2014) dans son Exhortation Apostolique « *Evangelii Gaudium* » insiste beaucoup sur l'importance de la bonne préparation de l'homélie quand il dit : « L'homélie est la pierre de touche pour évaluer la proximité et la capacité de rencontre d'un pasteur avec son peuple. De fait, nous savons que les fidèles lui donnent beaucoup d'importance ; et ceux-ci, comme les ministres ordonnés eux-mêmes, souffrent souvent, les uns d'écouter, les autres de prêcher. Il est triste qu'il en soit ainsi. L'homélie peut être vraiment une intense et heureuse expérience de l'Esprit, une rencontre réconfortante avec la Parole, une source constante de renouveau et de croissance ». (François, 2014, paragr.135).

Et Saint Paul parle avec force de la nécessité de prêcher, parce que le Seigneur a aussi voulu rejoindre les autres par notre parole (cf. *Rm* 10, 14-17). Par la parole, notre Seigneur s'est conquis le cœur des gens. Ils venaient l'écouter de partout (cf. *Mc* 1, 45). Ils restaient émerveillés, *« buvant »* ses enseignements (cf. *Mc* 6, 2). Ils sentaient qu'il leur parlait comme quelqu'un qui a autorité (cf. *Mc* 1, 27). Avec la parole, les Apôtres, qu'il a institués *« pour être ses compagnons et les envoyer prêcher » (Mc 3, 14)*, attiraient tous les peuples dans le sein de l'Église (cf. *Mc* 16, 15.20).

Tous ces problèmes relatifs à l'alcoolisme ci-haut évoqués constituent un préjudice réel à la santé sacerdotale. Nous le savons bien que la liturgie est lieu privilégié où le ministre ordonné s'affirme et se confirme. Alors dans l'ivresse, peut-il exercer honorablement ce ministère ? De ce fait, dans sa lettre pastorale, Monseigneur MAROY, a rappelé quelques éléments auxquels il faut insister dans la liturgie : « La préparation spirituelle du ministre ordonné avant la célébration, la préparation des lectures bibliques et de l'homélie, le respect des gestes réservés au ministre ordonné, l'utilisation des espèces conformes aux normes canoniques, le silence liturgique,… » (Mgr Maroy, 2015, paragr.21).

Plus un prêtre s'adonne à l'alcoolisme, moins il planifie sa pastorale. En conséquence, il ne sait plus quoi faire et quoi entreprendre. Attention ! Il existe *« diverses pastorales »* parmi lesquelles on peut risquer de compter la *« pastorale de la bouteille »* ou *« du verre »*. Le caractère prédominant de cette dernière est d'être imprécis et belliqueux ! La pastorale du verre pousse l'homme de Dieu à prendre quelque fois des décisions hâtives et irréfléchies. Ce genre de pastorale est dangereux car elle pose des sérieuses difficultés non seulement sur la vie de la communauté sacerdotale mais aussi sur la communauté chrétienne à laquelle elle est orientée. C'est un défi à relever !

A l'allure où vont les choses nous devrions faire nôtre cette exhortation de Saint Pierre : « *Soyez sobres, soyez vigilants : votre adversaire, le démon, comme un lion qui rugit, va et vient, à la recherche de sa proie. Résistez-lui avec la force de la foi* » *(1P 5,8-9a).*

Religion

1° Catholicisme

Le vin tient une place particulière dans le christianisme, représentant le sang du Christ, de même que le pain représente son corps dans la consécration opérée lors de la messe célébrée par un prêtre catholique, peu avant la communion, ou sacrement de l'eucharistie. Ce phénomène est désigné par le terme de la transsubstantiation. Le vin est donc un élément de cérémonie et de symbolique. Il joue notamment un rôle dans les Évangiles au moment des Noces de Cana. Dans les Évangiles, la vigne est utilisée aussi comme une métaphore du Royaume des Cieux : « *Moi, je suis la vigne véritable et mon Père est le vigneron* » *(Jean, 15, 1) :* voir aussi la parabole des ouvriers envoyés à la vigne (Matthieu, 20,1-16).

En effet, le catéchisme de l'Eglise catholique donne des instructions précises par rapport à la consommation de l'alcool et invite à la vie vertueuse. Ainsi, la vertu de tempérance dispose à éviter toutes les sortes d'excès, l'abus de la table, de l'alcool, du tabac. Ceux qui en état d'ivresse ou par goût d'ivresse ou par goût immodéré de la vitesse, mettent en danger la sécurité d'autrui et la leur propre sur les routes, en mer ou dans les airs, se rendent gravement coupable.

De ce fait, le Catéchisme de l'Eglise catholique précise : « L'Usage de la drogue inflige des très graves destructions à la santé et à la vie humaine. En dehors d'indications strictement thérapeutiques, c'est une faute grave. La production clandestine et le trafic de drogue sont des pratiques scandaleuses ; ils constituent une coopération directe, puisqu'ils y incitent, à des pratiques gravement contraires à la loi morale.» (Catéchisme de l'Eglise Catholique, 2007, paragr.2290).

2° MORMONISME

Dans le mormonisme, la Parole de Sagesse exclut la consommation d'alcool, de tabac, de café et de thé.

3° ADVENTISME

Certains mouvements chrétiens, comme l'adventisme, considèrent que les boissons alcoolisées sont mauvaises pour le corps. Ils en déconseillent donc la consommation, comme celle d'autres narcotiques.

4° ISLAM

Jeune femme offrant du vin à un sage, dynastie des Séfévides, en Iran, vers 1650 « Et des fruits des palmiers et des vignes, vous tirerez une boisson enivrante et un grand bien. Il y a en cela des signes pour un peuple qui réfléchit » (Sourate XVI, 67).

L'alcool consommable est strictement interdit par l'islam, car il affaiblit la conscience du croyant. Il s'agit d'un consensus, à l'unanimité des théologiens musulmans. Cependant, cela n'a pas empêché que des habitants vivant dans des pays à majorité musulmane aient produit et produisent encore des boissons alcoolisées, comme le rakı en Turquie, la boukha en Tunisie, le vin au Maroc et en Algérie.

Dans le Coran que le prophète de l'islam, Mahomet, proposa comme règle de vie à ses disciples, à partir de 610, seules cinq sourates font mention du vin (*khamr*) ou de la vigne (*nab*). Une seule fait état d'une interdiction dans un cadre large. Le vin est proscrit aux croyants au même titre que les jeux de hasard et les pierres divinatoires : « Ô vous qui croyez, sachez que le vin, les jeux de hasard, les pierres dressées et les flèches divinatoires sont une abomination et une œuvre du démon. Évitez-les. Peut-être serez-vous bienheureux » (Sourate V, 30).

Deux autres constatent que le vin peut être un grand bien et un mal. Mais ce dernier est souvent supérieur au bien : « Ils t'interrogent sur le vin et les jeux de hasard ; réponds-leur qu'ils comportent tous deux une grande souillure, mais aussi des bienfaits pour les hommes. Cependant leurs méfaits sont supérieurs à leurs bienfaits » (sourate II, 219). « Et des fruits des palmiers et des vignes, vous tirerez une boisson enivrante et un grand bien. Il y a en cela des signes pour un peuple qui réfléchit » (sourate XVI, 67).

Les deux dernières sourates traitant du vin en font un des délices du paradis promis par Mahomet : « À l'image du paradis, qui a été promis aux fidèles, et où couleront des fleuves d'une eau incorruptible, des fleuves de lait au goût inaltérable, des fleuves de vins exquis » (sourate XLVII, 15).« Les purs seront abreuvés d'un vin rare » (sourate LXXXIII, 25).

Contrairement aux idées reçues, l'alcool n'a pas toujours été interdit par l'islam et les théories à ce sujet ont souvent varié. Le verset « Des fruits des vignes et des palmiers, vous prélevez ce qui enivre et l'attribution profitable (d'excellents aliments) » (Coran, 16, 67) fait l'objet de nombreuses interprétations.

De par le fait que le coran a été révélé au prophète Mahomet sur une période d'une vingtaine d'années, c'est sur cette période, en voyant les mauvaises actions que les gens commettaient sous l'effet de l'alcool (vin) que progressivement l'alcool fut interdit par l'islam.

II. L'ECLAIRAGE DE LA FOI CHRETIENNE

1. LA RÉACTION CHRÉTIENNE

Les chrétiens ne peuvent rester indifférents devant ce grave problème : il y va de l'homme. Lorsqu'un homme se dégrade, lorsque des personnes sont sur des pentes déshumanisantes, la gloire et l'amour de Dieu sont en jeu. C'est dans ce sens que Saint Irénée de Lyon affirme: « La Gloire de Dieu, c'est l'homme vivant et la vie de l'homme, c'est de voir Dieu. » (Irénée de Lyon IV, 20,7). L'amour de Dieu, manifesté en Jésus son Fils, est en jeu lorsque des hommes s'abandonnent à l'alcool et en deviennent esclaves, détruisant leurs relations et leurs raisons de vivre. Lorsqu'un homme se dégrade, la famille de Dieu est concernée car nous sommes ses frères.

L'alcool n'est pas un bon ou un mauvais produit. Son usage est un élément de notre tradition judéo-chrétienne. Il a une place positive à travers le vin. Il guérit. Il réjouit le cœur. Il est lié à la fête. Cette boisson a pour le chrétien une signification toute particulière puisque, au centre même de la célébration eucharistique, le vin est une des réalités par lesquelles Jésus signifie son offrande sacrificielle et sa présence de Ressuscité.

C'est le mésusage de l'alcool qui provoque les problèmes et les malheurs. Ce mésusage peut provenir de la personne elle-même, car elle n'est jamais irresponsable. Certes, le besoin de boire peut être un besoin irrésistible, mais la liberté et la responsabilité peuvent s'exercer sur d'autres points : prendre des moyens efficaces pour guérir (cure), choisir d'appartenir à un groupe d'abstinents.

Mais l'abus d'alcool résulte le plus souvent de causes d'ordre économique, politique, social, affectif ... et est signe d'une *'maladie sociale'*, signe d'une société dont les sujets acceptent souvent, sans réaction, voire favorisent la surconsommation d'alcool, tandis que certains sont surtout préoccupés d'en retirer argent et pouvoir.

A la suite de Jésus, il s'agit de se faire proche de la personne alcoolique -Si nous suivons les traces de Jésus, nous reconnaissons que nous avons à devenir le prochain (Lc10, 29-37) de la personne alcoolique. Jésus vient d'abord pour les mal portants (Mc2,17), pour tous ceux qui ressentent douloureusement leurs faiblesses et leurs limites, pour tous ceux qui sont écrasés, aliénés et par le fait même exclus.

Bien plus, Jésus ne se contente pas de parler pour eux, de vivre avec eux, il se rend solidaire de leur épreuve, accomplissant la parole du prophète Isaïe : *" Il a pris sur lui nos infirmités et s'est chargé de nos maladies " (cf. Mt 8,17).*

Loin d'être victime de nos jugements (Jc2, 1-4), la personne alcoolique a droit en priorité à notre respect, à notre accueil, à notre acceptation de son parcours singulier, à notre aide effective. Aux yeux du chrétien, compatir à l'épreuve d'un malade, souffrir avec l'opprimé pour sa libération, lutter avec lui contre ce qui l'écrase, c'est rencontrer Jésus-Christ vivant. Ainsi quand l'un de nous devient " prochain " de la personne alcoolique, il devient prochain du Seigneur. D'une certaine façon, Jésus établit les victimes de maladies et d'aliénations comme signes de sa présence : *" J'étais malade, prisonnier ... et vous m'avez visité ",* dit Jésus dans la parabole du jugement dernier (Mt 25,36).

2. CONSIDÉRER L'ALCOOLIQUE COMME UNE PERSONNE.

Jésus n'enferme jamais quelqu'un dans un seul trait de sa personnalité ni ne le réduit à un seul comportement. Dans chacune de ses rencontres, il considère la personne toute entière, cette personne en qui Dieu veut *" faire sa demeure "* (Jn14, 23). Aussi faut-il éviter d'étiqueter les personnes comme alcooliques. Dire de tel homme: "c'est un alcoolique ", c'est se condamner à ne plus voir en lui que son problème, c'est refuser de se laisser interpeller par l'ensemble de sa vie, c'est finalement se protéger de lui et le juger (et qui suis-je pour juger l'autre ?).

De même, faut-il éviter de traiter la personne alcoolique uniquement d'un point de vue moral ou uniquement d'un point de vue médical. Le jeu de la liberté et de la maladie rend difficile tout discours à ce sujet. On ne peut guérir par un simple appel à la volonté. On ne peut guérir sans la complicité de celle-ci.

C'est pourquoi le malade alcoolique doit toujours être considéré comme une personne. Dans leur Déclaration sur la drogue, la Commission Sociale des Evêques de France s'était intéressée de la situation des alcooliques en ces terme: « Un toxicomane ... reste essentiellement une personne, avec ses souffrances, certes, mais aussi avec sa dignité ... C'est en lui reconnaissant sa qualité de personne toujours appelée à vivre une place dans la société que l'on augmente les chances de libération ».(Commission Sociale de l'Episcopat de France, 2006, http://www.eglise.catholique.fr/ressource-annuaire.)

La personne qui boit est déjà suffisamment portée à être culpabilisée par le regard des autres. La seule attitude qui convienne est de lui exprimer une confiance réelle. Il faut faire appel à la personne au-delà du personnage pour l'aider à recouvrer une liberté perdue en restaurant sa capacité de choix.

3. "Espérer contre toute espérance" (Rm 4, 18)

L'arbre blessé n'est pas mort. Il suffit encore de lui assurer un minimum de soin pour qu'il donne des rejetons d'espoir. Les dépendances face à l'alcool sont parfois si fortes que les proches de la personne alcoolique sont portés à penser que jamais elle ne s'en sortira et la personne alcoolique a elle-même la tentation de désespérer. Il est bon alors de se souvenir de la résurrection de Jésus. Celle-ci nous rappelle que l'échec n'est jamais le dernier mot de Dieu. Même si cette " maladie " de l'alcoolisme est subie comme absurde, même si parfois la guérison est hors de portée, le chrétien alcoolique peut parvenir à la conviction qu'il peut, avec l'aide de l'Esprit-Saint et à travers de rudes combats, construire les significations de son épreuve. Celle-ci peut être l'occasion d'approfondir sa foi, de découvrir sa pauvreté intérieure, de se rendre plus solidaire de tous les pauvres et des autres buveurs qui cherchent à guérir, d'offrir sa souffrance pour l'Eglise, Corps du Christ (Col 1,24). La guérison de l'alcool amène souvent à faire un réel cheminement spirituel.

4. Quelques orientations pratiques

Il ne s'agit pas de nier les responsabilités des personnes qui deviennent alcoolo-dépendantes. Mais il nous faut insister sur les mesures sociales et chrétiennes à prendre pour réduire les drames de tous ordres liés au problème de l'alcool. Les mesures répressives ne suffisent pas : ***elles s'attaquent plus aux conséquences qu'aux causes.*** Sous plusieurs bases se fonde l'éducation de la personne humaine. Il s'agit notamment de la famille, la société, l'école et l'Eglise.

A. La famille est éducatrice si elle est ce qu'elle doit être.

Les parents, parce qu'ils ont donné la vie à leurs enfants, ont la très grave obligation de les élever et, à ce titre, doivent être reconnus comme leurs premiers et principaux éducateurs. Le rôle éducatif des parents est d'une telle importance que, en cas de défaillance de leur part, il peut difficilement être supplée. C'est aux parents, en effet, de créer une atmosphère familiale, animée par l'amour et le respect envers Dieu et les hommes, telle qu'elle favorise l'éducation totale, personnelle et sociale, de leurs enfants. C'est pourquoi le code du droit canonique bilingue et annoté renchérit quand il enseigne : « Les parents ont le très grave devoir et le droit primordial de pourvoir de leur mieux à l'éducation tant physique, sociale et culturelle que morale et religieuse de leurs enfants.» (Code du droit canonique, 2007, can.1134).

En effet, la famille est donc la première école des vertus sociales nécessaires à la société. Mais surtout dans la famille chrétienne que, dès leur plus jeune âge, les enfants doivent apprendre à découvrir Dieu et à aimer le prochain. C'est là qu'ils font la première expérience de l'Eglise et de l'authentique vie humaine en société. C'est par la famille également qu'ils sont peu à peu introduits dans la communauté des hommes et dans le peuple de Dieu. Que les parents mesurent donc bien l'importance d'une famille vraiment chrétienne dans la vie et le progrès du Peuple de Dieu lui-même. (Cf.Vatican II, 1964, Constitution dogmatique 'Lumen Gentium', paragr.11,35).

Par ailleurs, la famille joue le rôle de proue dans l'éducation de la personne humaine. Remarquer que l'instabilité ou l'absence de l'un des parents a souvent créé des conséquences dans la vie de l'enfant. Cet état de fait, l'instabilité croissante de la famille, la diminution du temps consacré par les parents à leurs enfants, la fréquente absence d'un des parents, et le comblement du vide parental par les médias ou par les groupes juvéniles plus ou moins aliénés vis à vis de la société, n'est pas sans conséquences graves. Celles-ci sont difficiles à mesurer et à faire entrer dans des statistiques puisqu'il s'agit de déficits en qualités humaines. (Cf. Sacrée Congrégation pour la famille, 2006, http:// www.de-ecclesia.com)

Faute de pouvoir mesurer les manques psychologiques et affectifs entraînés, chez les enfants, par les démissions parentales, on en est réduit à regarder les statistiques des crimes, suicides et délits juvéniles, d'un côté, les déficiences scolaires et physiques de l'autre, et, entre les deux, les files d'attente des jeunes chez les psychologues et psychiatres. Moyennant quoi ce qu'on découvre est malheureusement plus que significatif: avec le désengagement des parents de leur de façon grave.

Selon le document conciliaire Gaudium et Spes (1965), retenons qu'un des aspects les plus importants de l'éducation familiale est l'éducation à la vie sociale, à la prise de responsabilité, à la vie adulte. L'éducation familiale doit avant tout permettre aux jeunes de pouvoir fonder eux-mêmes une famille et d'y assumer leur futur rôle de parents. Elle ne saurait donc se limiter à un aspect informatif: elle doit être une communication de sagesse humaine. (Cf. Vatican II, 1965, Constitution pastorale sur l'Eglise dans le monde de ce temps 'Gaudium et Spes', paragr.40).

Par rapport à l'alcoolisme, la famille joue un rôle de premier plan dans l'éducation de la prévention à l'égard des risques de l'alcool. C'est dans cette optique que Jean Paul II dit : « La famille est la première école, l'école fondamentale de la vie sociale; comme communauté d'amour, elle trouve dans le don de soi la loi qui la guide et la fait croître. Le don de soi qui anime les époux entre eux se présente comme le modèle et la norme de celui qui doit se réaliser dans les rapports entre frères et sœurs, et entre les diverses générations qui partagent la vie familiale. » (Jean-Paul II, 1981, paragr.37)

Des études montrent que les jeunes boivent généralement moins dans les familles unies et structurées : là où les parents créent une atmosphère confiante, gèrent honnêtement leurs conflits naissants, consacrent du temps à l'éducation de leurs enfants, savent leur apprendre à choisir et à ne pas satisfaire leurs désirs immédiatement.

B. LE RÔLE DE LA SOCIÉTÉ

La tâche de dispenser l'éducation qui revient en premier lieu à la famille requiert l'aide de toute la société. Outre les droits des parents et ceux des éducateurs à qui ils confient une partie de leur tâche, des responsabilités et des droits précis reviennent à la société civile en tant qu'il lui appartient d'organiser ce qui est nécessaire au bien commun temporel. Elle a, entre autres tâches, à promouvoir l'éducation de la jeunesse de multiples manières. Elle garantit les droits et les devoirs des parents et des autres personnes qui jouent un rôle dans l'éducation ; elle leur fournit son aide dans ce but. En cas de défaillance des parents ou à défaut d'initiatives d'autres groupements, c'est à la société civile d'assurer l'éducation. (cf. Vatican II (1965). Déclaration sur l'éduction chrétienne 'Gravissimum Educationis', paragr.3)

De ce fait, il faut oser parler de la souffrance de celui qui boit de la boisson alcoolisée, avant qu'il ne soit trop tard. Il existe, au sein de notre société, trop de tabous au sujet de la consommation excessive d'alcool. « Qui ne risque rien n'a rien », dit-on. Il faut en parler charitablement avec la personne menacée ou atteinte, oser interpeller avant les dégâts irréversibles.

Chacun est également invité à réviser ses jugements et ses comportements, afin de ne pas être complice. L'habitude de proposer régulièrement de l'alcool et uniquement des boissons alcoolisées ne nous expose-t-elle pas à une dépendance nocive? Ne serait-il pas possible de présenter aussi des apéritifs sans alcool tant lorsque l'on accueille quelqu'un que lors du " vin d'honneur " des cérémonies officielles ? A tout repas ne devrait-on pas disposer un verre pour consommer de l'eau ? Pourquoi veut-on imposer à tous les mêmes normes de consommation ? La délicatesse ne pourrait-elle pas conduire à s'abstenir d'alcool lorsqu'on côtoie une personne en danger ? Et le sage de rappeler : *« Mon fils, si des pécheurs veulent te séduire, n'y va pas »* (Prov.1, 10).

Ne serait-il pas possible de créer des bars sans alcool pour être des lieux d'accueil, d'écoute et de convivialité, ainsi que d'information et de prévention ? Ou bien, ne serait-il beaucoup mieux que l'Etat réduise le risque en établissant les lois qui seront observées par tout le monde dans l'usage de l'alcool. Interpeler ou carrément fermer les maisons de tolérance qui vendent des telles boissons aux plus jeunes comme les mineurs.

C. L'ÉCOLE COOPÈRE À L'ÉDUCATION DES JEUNES

Parmi tous les moyens d'éducation, l'école revêt une importance particulière ; elle est spécialement, en vertu de sa mission, le lieu de développement assidu des facultés intellectuelles. Le document *'Gravissimum Educationis'* du Concile Vatican II (1965, paragr.5), montre que l'école est une source insoupçonnée de richesses pour construire la vie humaine. L'école exerce le jugement, elle introduit l'individu au patrimoine culturel des générations passées, elle promeut le sens des valeurs, elle prépare à la vie professionnelle, elle fait naître entre les élèves de caractère d'origine sociale différents un esprit de camaraderie qui forme à la compréhension mutuelle.

Que l'école jouisse de telles richesses, c'est un honneur et un privilège particulier. Elle a alors une mission urgente d'informer et d'éduquer les jeunes concernant l'alcool et ses effets: car la menace est particulièrement sensible à l'âge fragile de l'adolescence. Les collèges, lycées et d'autres écoles sont l'un des espaces appropriés pour la réflexion sur ces problèmes, spécialement sur la consommation précoce et excessive des boissons alcoolisées.

Il serait bon que puissent y être organisées des rencontres d'information, d'échanges avec des organismes compétents et des associations diverses, pour aider les jeunes à se rendre lucides sur les dangers de l'alcool. Cette stratégie aiderait les jeunes à maîtriser leur penchant vers la consommation abusive d'alcool.

Enseignants, animateurs pastoraux, culturels et sportifs sont invités à être attentifs aux jeunes vulnérables et menacés de s'installer dans l'alcoolisme. Ils sont aussi priés à aller vers eux, les écouter, leur parler, les aider à s'accepter comme

5. RECOMMANDATIONS

Secourir c'est toujours mourir et ressusciter. Est-ce plus facile pour nous aujourd'hui? Notre jeunesse est actuellement victime de beaucoup de problèmes devant lesquels on ne peut plus se taire. Il nous semble qu'il faut entreprendre une voie de changement ou du moins faire un simple examen de conscience. Nous l'avons dit dans nos pages précédentes, l'alcoolisme fait rage chez les jeunes. Pour comprendre ce fléau, il convient de partir des différents ordres en leur recommandant certaines pistes de solutions. Il y a faille à des différents niveaux mais également une conscientisation mobilisatrice serait un souhait général.

1° Quoique ce soit difficile, l'autorité parentale est de mise dans l'éducation des enfants. Mais les grandes difficultés que rencontrent les jeunes dans l'avenir proviennent le plus souvent de leur propre famille biologique d'où ils ont été éduqués.

De ce fait, on ne le dira jamais assez que les parents, homme et femme, mari et épouse, ont un rôle essentiel, irremplaçable dans l'éducation de leurs enfants, et en particulier dans le développement de leur personnalité. Dans cette tâche, certes, ces parents sont aidés: par leurs propres parents, le cercle familial large, les amis, les organisations de jeunesse et l'école. Mais, c'est à eux que revient le rôle primordial de guider l'enfant dans la vie pour qu'un jour il puisse partir, sûr de lui, pour prendre sa place dans la société, fonder une famille, être responsable, ajouter son solide maillon dans la chaîne humaine.

On a posé la question des "rôles" respectifs de chacun des parents dans le développement psychique, intellectuel et moral de l'enfant. Les psychologues nous montrent que ces rôles existent bien, ne sont pas interchangeables et sont difficiles à substituer. Les statistiques mettent en évidence les dégâts qu'entraîne l'absence d'un des parents du foyer familial. Elles soulignent que les troubles notés chez les enfants d'aujourd'hui sont en lien avec l'absence matérielle ou affective des parents auprès de leurs enfants. Les jeunes, trop souvent, aujourd'hui, ne reçoivent plus ni soutien moral ni directives de vie de leurs parents. Et il leur est bien difficile de trouver par eux-mêmes un sens à leur vie. L'absence du père est bien connue, mais un nouveau problème se crée aujourd'hui avec l'absence de la mère, soit que celle-ci travaille, soit qu'elle s'affaire dans de multiples activités caritatives, écologiques, féministes ou politiques.

Dans le même temps, les tendances profondes de la société et les impératifs économiques poussent au travail des femmes, épouses et mères, hors du foyer familial. Elles poussent aussi à l'auto-affirmation féminine et à son engagement dans la société. L'Eglise reconnaît qu'il y a effectivement là un problème, lié à l'accession de la femme au monde du travail et à l'affirmation de sa parité et de sa dignité. Cette accession et cette reconnaissance sont justes, ces conquêtes sont légitimes et il n'est pas question de vouloir "retourner en arrière". Mais il n'en faut pas ignorer les retombées négatives sur l'union des couples et sur l'éducation des enfants. Il ne faut pas non plus en rester au niveau du sociologue qui constate les dégâts sans chercher à apporter de remède.

C'est pourquoi, il est légitime de demander que l'Etat prenne ses responsabilités et aide la famille et cela non pas au travers de simples politiques sociales concernant tel ou tel groupe de particuliers, mais au travers de véritables politiques familiales. Cela lui coûtera beaucoup moins cher de venir maintenant en aide aux jeunes foyers et aux mères de famille, que de payer demain la note des psychiatres, des centres de réadaptation et des juges pour enfants. Une large part du travail accompli hors de la maison par les mères de famille est destinée à équilibrer le budget familial. Ces mères, pour la plupart, ne demandent qu'à rester au foyer et à s'occuper de leurs enfants. Ce faisant, elles contribuent plus qu'aucun autre à la constitution du capital humain de la société. Personne n'en appelle pas à un quelconque privilège mais à l'équité lorsqu'on demande que s'instaurent au plus vite de véritables politiques familiales permettant en particulier aux épouses et mères d'accompagner leurs enfants au moins dans la première année de la vie. L'Eglise, quant à elle, demande aussi à l'Etat de prendre des mesures en faveur des familles nombreuses qui contribuent plus que les autres à fournir à la société un capital humain fiable et rentable.

Il ne faudrait cependant pas qu'une excessive cristallisation sur la lutte pour obtenir des vraies politiques familiales fasse oublier que l'essentiel est d'abord dans la disposition du cœur des parents et dans leur disponibilité à accueillir la vie et à s'occuper de leurs enfants. Si le cœur y est, l'organisation concrète suivra. Après tout nos grand-mères trouvaient le moyen de s'occuper de leurs bambins tout en accomplissant les rudes travaux des champs ! Cela ne devait pas être facile ni pratique, mais le cœur y était, et elles le faisaient, sans problèmes.

2° C'est un constat que nos jeunes se trouvent devant un embarras de choix. Il y a afflue de produits alcooliques soit importés soit produits localement et même des mélanges des produits. A ce problème, il s'ajoute celui de l'existence de brasseries clandestines peut-être sans licence. Quelqu'un pourrait facilement se poser la question de savoir si la politique du pays connaît bien ce malheur auquel se bute, aujourd'hui, la jeunesse qui, en réalité, est son espoir de développement.

Et, quelles sont les mesures préconisées pour lutter contre ce virus ? En abandonnant sa propre jeunesse, l'Etat se méfie à la fois de la protection de la famille laquelle protection doit être primordialement la préoccupation de l'Etat quant à ce qui concerne l'éducation des enfants. C'est ce que dit avec regret le Pape Jean Paul II dans sa lettre Encyclique 'Centessimus Annus' (1991) : « Il arrive que, lorsque la famille décide de répondre pleinement à sa vocation, elle se trouve privée de l'appui nécessaire de la part de l'Etat, et elle ne dispose pas de ressources suffisantes. Il est urgent de promouvoir non seulement des politiques de la famille, mais aussi des politiques sociales qui aient comme principal objectif la famille elle-même, en l'aidant, par l'affectation de ressources convenables et de moyens efficaces de soutien, tant dans l'éducation des enfants que dans la prise en charge des personnes âgées ».(Jean-Paul II, 1991, paragr.49).

En effet, comme mesures efficaces, l'Etat pourrait intégrer les éléments ci-après en vue de lutter contre l'alcoolisme :

- Interdiction de la vente d'alcool aux moins de 18 ans et des open bars, limitation de la vente en stations-service, autant d'initiatives qui peuvent contribuer à la diminution de l'alcoolisation excessive des jeunes et à la prévention de l'alcoolisme. Cependant l'autorisation simultanée de la publicité pour l'alcool sur internet, télévision, radio suscite des interrogations.

"Boire un petit coup c'est agréable", dit-on. Mais concernant les jeunes, comme les adultes d'ailleurs, cela peut aussi et surtout être dangereux : comportements à risques, comas éthyliques, traumatismes, glissement vers l'alcoolisme... Si la consommation d'alcool est un phénomène culturel depuis des siècles dans nos sociétés, elle est également un problème de santé publique majeur.

Face à tout ce danger d'alcoolisation abusive chez les plus jeunes, l'Assemblée Nationale Française tenue le 10 mars 2009 avait voté des mesures sur la prévention de la consommation d'alcool chez les mineures. Car, depuis quelques années un nouveau phénomène inquiétant est apparu, le *binge drinking*, consommation massive et rapide d'alcool de plus en plus prisée des mineurs. La limitation de ce phénomène est une des motivations du travail des députés dans le cadre du vote parlementaire de la loi Hôpital, Patients, Santé et territoires. L'interdiction de vente d'alcool aux mineurs est donc un encouragement à la modération.

Bien qu'il soit tout de même difficile pour les commerçants d'imaginer et les barmen de contrôler systématiquement la date de naissance des jeunes à chaque achat d'alcool, mais la menace de sanctions financières devrait permettre une application correcte de cette mesure.

-La fin des open-bars est aussi un pas supplémentaire vers la diminution du *binge drinking* (achat du boire). L'Assemblée Nationale devrait voter une loi (si du moins elle existe déjà) alors voter un amendement interdisant "d'offrir gratuitement à volonté des boissons alcooliques dans un but promotionnel ou de vendre des boissons alcooliques au forfait (les open-bars)". Les soirées open-bars sont l'occasion pour les jeunes d'ingérer des quantités importantes d'alcool et font peser le soupçon d'une volonté des producteurs de rendre dépendants les jeunes. Cette interdiction renforcerait donc la lutte contre le *binge drinking*, d'autant que l'interdiction couplée de la vente aux mineurs permettra a priori d'éviter de déplacer le problème (achat et ingestion massive d'alcool avant de sortir par exemple).

Par contre, les dégustations en vue de la vente ne sont pas concernées, de même que les foires et les fêtes dans lesquelles on peut déguster des boissons alcoolisées à titre gratuit ou contre une somme forfaitaire afin d'apprécier la qualité.

-La limitation de la distribution d'alcool en stations-services est aussi une avancée et non une reculade. Même si elle ne concerne pas directement les mineurs, la vente d'alcool dans les stations-services est probablement un facteur notable d'accidents de la route. Or on ne compte plus les drames impliquant des jeunes alcoolisés au volant, avec des passagers parfois mineurs. Conscient de cette situation alarmante, au cours de l'Assemblée nationale tenue le 10 mars 2009, Roselyne Bachelot, ministre de la Santé en France, a indiqué avec force que la vente de boissons alcoolisées réfrigérées reste strictement interdite, car elle incite à une consommation immédiate. Malgré cet empêchement de la consommation de bière fraîche en roulant, il est difficile d'oublier que l'alcoolisme est toujours la première cause de décès au volant, ce qui rend vraiment incongru ce maintien partiel de la vente d'alcool au bord de la route, même pour protéger les commerces de carburant, etc.

-De la publicité pour l'alcool, des musiques publicitaires pour l'alcool sur le net, à la télévision, à la radio et même les journaux est une pratique à prohiber. Les mesures énumérées susmentionnées, même si elles ne sont pas assorties de décisions nécessaires en faveur d'une meilleure politique d'éducation et de prévention, devraient permettre une diminution de la consommation d'alcool par les mineurs.

Nous le savons, une grande partie de la jeunesse (collégiens, lycéens, universitaires... passe plusieurs heures par jour sur l'internet. Mais alors, comment peut-on imaginer qu'ils ne vont que sur des sites jeunesse ou sport ? Ne s'informent-ils pas ailleurs ? Ne jouent-ils pas en ligne ?... Comment dire aux jeunes *'achat d'alcool interdit'* et en même temps exposer ces mêmes jeunes à des messages répétés signifiant 'achetez de l'alcool?'

-Que l'Etat puisse mettre en place des programmes éducatifs dès la petite enfance pour informer les jeunes des conséquences de la consommation abusive de l'alcool sur la santé, dans la famille et dans la société surtout lors de la consultation prénatale dans les hôpitaux et centres de santé. Une séance d'animation sur les méfaits d'alcoolisme serait la bienvenue.

-Que le gouvernement par le biais du ministère de l'Enseignement Primaire, Secondaire et Professionnel (EPSP) s'engage à :

Privilégier un programme efficace de santé scolaire.

Intégrer les notions sur les méfaits des boissons alcoolisées dans les leçons d'éducation à la vie.

Sanctionner le directeur ou le préfet qui emploie l'école à la commercialisation des boissons alcoolisées.

Sanctionner l'élève ou l'enseignant qui prend les boissons alcoolisées en milieu scolaire.

-Que l'Etat s'engager à sanctionner tout employeur surpris entrain de prendre des boissons alcoolisées sur les lieux de travail allant de l'avertissement au licenciement.

-Interdire de travailler en état d'ébriété.

Il nous semble beaucoup plus logique et raisonnable d'autoriser la publicité sur des sites des producteurs, distributeurs et organisations professionnelles. Cette proposition, nous le pensons, fait tout de même espérer une prise de conscience supplémentaire des jeunes des dangers de l'alcool et une baisse de leur consommation, voire des ivresses,...

3° Aux jeunes (élèves, étudiants, etc.) : vu que les élèves, étudiants et toute la jeunesse sont en préparation comme les futurs cadres de la Nation, nous leur recommandons :

De s'abstenir et/ou d'abandonner la pratique de la consommation abusive des boissons alcoolisées. Car, plus on continue à boire plus le problème s'aggrave progressivement. De ce fait, on s'engage sur la voie de la déchéance, des hôpitaux, des prisons ou autres lieux d'isolement jusqu'à la mort prématurée. La bonne alternative des alcooliques est de cesser de boire complètement, de s'abstenir de la plus petite quantité d'alcool sous quelque forme que ce soit. En fait, admettons aussi que ce n'est ni le cinquième ni le dernier verre qui enivre, mais bien le premier ! Celui-là s'avère responsable de tous les autres verres puisqu'il cause non seulement la réaction en chaîne du comportement alcoolique mais aussi pousse à boire de façon incontrôlée. (Cf. Voici les alcooliques anonymes, 1984, p.10).

De s'informer davantage sur les dégâts causés par ces boissons alcoolisées dans la communauté. Elles ont des effets cumulatifs pouvant se manifester dans le futur tant au niveau de santé et au niveau socio-économique.

D'éviter la paresse et l'oisiveté de peur que la tentation à l'alcoolisme ne s'installe. Il convient d'admettre que l'homme est impuissant devant l'alcool.

A l'issue de la clôture du deuxième Concile du Vatican (1965), les pères conciliaires avaient lancé dans ce sens un message très édifiant aux jeunes : « C'est à vous, jeunes gens et filles du monde entier, qui allez recueillir le flambeau des mains de vos aînés et vivre dans le monde au moment des plus gigantesques transformations de son histoire. C'est vous qui, recueillant le meilleur de l'exemple et de l'enseignement de vos parents et de vos maîtres, allez former la société de demain : vous vous sauverez ou vous périrez avec elle (…). Luttez contre tout égoïsme. Refusez de laisser libre cours aux instincts de violence et de haine, qui engendrent les guerres et leur cortège de misères. Soyez généreux, purs, respectueux, sincères. Et construisez dans l'enthousiasme un monde meilleur que celui de vos aînés ! » (Vatican II, 1965, Messages du concile, p.642).

Le destin du monde se trouve entre les mains de la jeunesse si elle est consciente de cette richesse qui est en elle.

4° Aux futurs chercheurs nous recommandons de faire une étude sur les facteurs déterminants de la consommation des boissons alcoolisées chez les jeunes.

5° Aux Organisations Non-Gouvernementales (ONG) et Associations, nous recommandons :

De prendre soins de donner les informations suffisantes sur l'alcoolisme et ses méfaits afin de rendre les jeunes plus responsables comme futurs cadres.

Multiplier les séances de sensibilisation relative aux boissons alcoolisées.

6°L'Eglise étant le sacrement universel du salut, a la mission de prêcher à temps et contre temps l'évangile à tous les hommes dans le but de répondre à l'appel de son Maître (cf. Mc16,16). Dans l'ordre actuel des choses, dont découlent les conditions pour l'humanité, l'Eglise, sel de la terre et lumière du monde (cf. Mt 5,13-14), est appelée de façon plus pressante à sauver et à rénover toute créature, afin que tout soit restauré dans le Christ, et qu'en lui les hommes constituent une seule famille et un seul peuple.

C'est dans une joyeuse confiance que l'Eglise devrait prendre à son compte ces éléments : 'Dans ta lumière nous voyons la lumière'. Jésus voit Nathanaël sous le figuier et le reconnait. Voici un israélite en qui rien n'est faux (cf. Jn1,47). Notre annonce de la Bonne Nouvelle auprès de ces jeunes alcooliques commence par la reconnaissance des *'Nathanaëls'* de notre temps, qui eux aussi sont des dons de Dieu. Cette reconnaissance est le regard de l'amour qu'ils désirent tant. Elle permet également d'accueillir les gens comme ils sont, avec leur identité, leurs difficultés et leurs valeurs qui leur sont chères.

En définitive, quelle attitude adopter vis-à-vis de ces jeunes ? D'après une expertise récente du docteur Francis Curtet nous sommes éclairés à ce propos : « Un enfant grandira mieux si, dès sa conception, il est nourri de tendresse et de dialogue. Mettre un enfant au monde implique non seulement des droits, mais aussi des devoirs à l'égard de l'enfant :

Devoir de l'aimer et de le lui dire. « Il n'y a pas de meilleure prévention que l'amour. »

Devoir de communiquer avec lui et de développer son sens critique. Educateurs, parents, enseignants doivent être prêts au dialogue avec les jeunes, et ce dialogue commence par l'écoute bienveillante.

Devoir de l'aider à élaborer des armes efficaces pour se défendre dans un monde où le combat sera quotidien.

Devoir de le respecter et de l'élever pour lui-même et non pour soi.

Devoir de le préparer à partir un jour comme un être indépendant, libre de ses choix, et non comme un messager, vivant par procuration les fantasmes et les désirs irréalisés de ses parents.

Se tirer d'affaire, pour un toxicomane, c'est non seulement abandonner la drogue, mais aussi acquérir un mode de relation harmonieux avec autrui, affirmer son indépendance et son autonomie, être maître de son destin. » (Curtet, 2001, cité par Dr René Flurin, 2001 :http://www.bmlweb-org/info-malade/2001).

Si nous ne les acceptons pas d'abord, il n'aura pas défi. Tous nous sommes corps du Christ et image de Dieu. Nous devons reconnaitre ces alcooliques comme étant une pierre de construction du temple de Yahvé et une part de ceux que nous sommes nous-mêmes. Nous devons apprendre à être visibles pour eux en les écoutants. Mais tout cela exigera de nous de *'mourir'* pour secourir. C'est pourquoi, à l'allure où vont les choses, il conviendrait par ailleurs pour un diocèse de créer une pastorale destinée à rencontrer ces jeunes alcooliques à la manière de la commission de santé.

En plus, croyons que Dieu nous accordera la résurrection même si nous ignorons comment IL s'y prendra.

L'évangélisation nous pousse au changement de manière imprévisible. Ne perdons plus de vue. Que nos homélies ne concernent pas seulement le mariage, la confession, la dîme mais aussi le problème d'alcool chez les jeunes. Quelques conversions peuvent s'opérer soyons-en sûr. Mais comment ? Nous ne le savons pas, mais à tout un chacun, Dieu dit : *« Venez et voyez » (Jn 1,39).*

CONCLUSION GENERALE

Bref, l'alarme doit donc être sonnée aujourd'hui. En laissant se faire la décomposition de la jeunesse, c'est le tissu social et espoir de l'Eglise de demain qu'on laisse se compromettre. C'est la criminalité et la violence qu'on laisse croître, c'est l'équilibre de nos sociétés qu'on laisse en péril. Quels types de jeunes désirons-nous pour demain? Des narcisses repliés sur eux-mêmes, frileux et incapables de tout engagement? Des violents et des irresponsables au sens moral fruste et à la conscience à l'état d'ébauche? Des "faux-selfs" bourrés de problèmes et incapables d'initiatives et de créativité? En posant ces questions, c'est aussi à l'avenir de notre pays et notre Eglise que nous pensons, à la capacité des chrétiens de demain à transmettre la foi et à vivre l'amour dans le détachement et le don de soi.

"Famille, deviens ce que tu es!" (Jean-Paul II, 1981, cité dans Rubuguzo, 2004, p.137). Que cette injonction lancée aux familles ne reste pas lettre morte! En ce XXIème siècle de l'ère chrétienne, nous ne pouvons que souhaiter et prier pour que la famille reprenne pleinement son rôle éducateur pour *"garder, révéler et communiquer l'amour"* à un monde qui tend à oublier les sources même de sa vie. Nous sommes sûr que tout peut changer si nous nous engageons à :

Faire vivre les jeunes dans la confiance

Eviter le dénigrement et la critique systématique

Travailler à une société plus fraternelle, plus juste et plus humaine. C'est aussi contribuer à faire reculer l'alcoolisme précoce ainsi que la drogue.

APPENDICE

Tenté par le diable, l'homme a laissé mourir dans son cœur la confiance envers son Créateur (cf. Gn3, 1-11) et, en abusant de sa liberté, a désobéi au commandement de Dieu. C'est en cela que consiste son orgueil et son péché. Voilà pourquoi il s'est créé d'autres dieux auxquels il rend désormais son culte et des lois indépendamment de la volonté de Dieu. Il est tout à fait vrai que l'alcoolisme est devenu un autre culte ayant ses lois.

LES DIX COMMANDEMENTS DE LA BOISSON :

Comme chaque doctrine a ses commandements, l'alcoolisme en a également dix.

Amri 10 za Pombe :

1. Kupenda na kukunywa pombe sana na kusahau jamaa na vinyume vyote vya mwili (cakula, usafi, sala, …)

2. Kujitapa sawa Simba.

3. Kugombana bila kusikiya shauri ya mtu.

4. Kijitapia mali usiyokuwa nayo.

5. Kutamani mke asiyo kuwa wako haizuru nani.

6. Kuimba na kuceza bila kusikia mdundo wa ngoma.

7. Kulala popote pasipo kitanda haizuru wapi.

8. Kusema luga za kigeni bila kufafanua.

9. Kutowa siri za jamaa.

10. Kuwakumbuka na kuwalia marehemu wa jamaa.

Ce texte se traduit de la manière suivant :

Les dix commandements de l'alcoolisme sont :

1. Aimer et boire de la boisson alcoolisée sans se souvenir des obligations de la famille et celles de son organisme (la nourriture, la propreté du corps, la prière, etc.)

2. Se venter comme un lion

3. Engager des bagarres sans écouter et suivre le conseil de quelqu'un d'autre.

4. Se venter de la richesse dont on ne dispose même pas.

5. Désirer la femme d'autrui et n'importe laquelle.

6. Chanter et danser sans aucun son du tam-tam.

7. Dormir partout même s'il n'y a pas de lit.

8. Parler des langues étrangères sans netteté dans la prononciation (la glossolalie).

9. Divulguer les secrets de la famille (indiscrétion).

10. Se souvenir des défunts de la famille et les pleurer.

2. QUELQUES PROVERBES ET MAXIMES RELATIFS À LA BIÈRE

L'expérience procure une certaine sagesse. C'est pourquoi les plus anciens et sages ont eu le souci du futur. De loin, ils ont constaté, avec raison, le danger de l'alcoolisme pour l'homme.

En bons maîtres, ils ont fait usage des proverbes et maximes en vue d'instruire l'homme de leur temps et celui de demain en mettant à sa portée cette richesse de sagesse d'une bonne facture. Voici certains proverbes et maximes :

-L'abus d'alcool est dangereux pour la santé, mais je m'en fous, je suis tout le temps malade. (Jean-Marie GOURIO)

-L'alcoolisme est une manière de réagir à la vie dans un environnement surpeuplé (Jim MORRISSON)

-L'alcoolisme dégrise. Après quelques gorgées de cognac, je ne pense plus à toi. (Marguerite YOURCENAR)

-L'alcool est un produit très nécessaire… il permet au parlement de prendre à 11heures du soir des décisions qu'aucun homme sensé ne prendrait à 11heures du matin (Georges Bernard SHAW)

-Grâce à l'alcool, on peut, même si l'on est germaniste, paraître inventif et spirituel (Michel KRÜGER)

-Quand une personne ne te parle pas avec la même langue habituelle, demande-lui de quel pays vient l'alcool qu'elle a bu… (DESCREA)

-Une ivresse efface mille tristesses (Proverbe chinois)

-Un ivrogne de plus, un homme de moins (Proverbe français)

-L'alcool est blanc mais rougit le visage, l'or est jaune mais noircit le cœur (Proverbe chinois)

-L'alcool et l'indignité tuent sûrement (Pierre GUERIN)

-On dit que l'alcool désinfecte !!! Alors laissons donc pisser les alcooliques dans les endroits de direction égouts, ils en seront plus sains…. (DESCREA)

-L'alcool fait perdre les gens qu'on aime et soi-même aussi et la tête (Daniel LANGLET)

-L'alcool tue lentement. On s'en fout. On n'est pas pressé (Georges COURTELINE)

-L'alcoolique est un être errant qui recherche dans les vignes du Seigneur son paradis perdu (André PRONOVOST)

Dans le berceau SHI, nous y rencontrons une source jaillissante en eau pure. C'est ainsi que nous nous sommes servi de cette même source que notre prédécesseur Abbé KAGARAGU NTABAZA Aristide nous a légué pour instruire.

Voici certains proverbes et maximes Shi suivis de leur traduction:

-Amavu g'efaranga garhasharha.

La bière à prix d'argent ne se prend pas à la légère. Dès que la bière devient une marchandise, sa consommation gratuite prend fin. (Proverbe 258)

-Amavu ye nacikubwire.

La bière s'appelle 'je-vous-le-dirais-après'. A la longue, la bière détruit ses plus grands consommateurs (Proverbe 259)

-Amavu ye na mugaba ezi erhajira.

La bière s'appelle 'celui-qui-distribue-les-vaches-qu'il-ne-possède-pas'. Tout ivrogne se prend pour le plus grand richard du monde. (Proverbe 260)

-Ashurha abakulu erhi go garhumire.

La boisson pousse l'ivrogne à frapper les grands. Il n'y a pas d'ivrogne respectueux (Proverbe 298)

-Gabamba ci garhabambula owaganywaga.

La bière abat l'ivrogne; elle ne le relève pas (Proverbe 973)

-Gabera ndaha, ci garhabera nda.

La bière casse la calebasse, elle ne casse pas le ventre (Proverbe 974)

-Gabiha,gana yinjiha.

La bière est en même temps bonne et mauvaise (Proverbe 975). La boisson est bonne quand elle rassemble les gens pour discuter certains problèmes de la vie : le social comme le culturel (par exemple le mariage, le champ, l'héritage, la recréation (les humours) et le partage de soucis communautaires, etc.). Elle est mauvaise lorsqu'elle devient la voie de destruction de ces valeurs humaines.

-Gafulikwa omu ndaha, ci garhafulikwa omu nda.

On peut cacher la bière dans une calebasse, non dans le ventre. Une fois qu'on a bu on exhale odeur de bière, ou bien on est ivre. Dans les deux cas, tout le monde reconnaît celui qui a bu. (Proverbe 977)

-Gakanunirira erhi galingi kuba omuntu. Quand la bière devient très gouteuse, c'est qu'elle va bientôt renverser le consommateur. (Proverbe 981)

- Ganabambire omuntu aha arhalala.

La bière couche l'homme où il ne se couche pas. Même en des lieux insolites, l'ivrogne y couche. (Proverbe 988)

-Ganywa mulume.

C'est l'homme digne qui sait boire. En toute chose il faut la mesure (Proverbe 992)

-Gankolire aciza, ci luganywa arhaciza.

La bière sauve si elle concourt au travail, et non quand elle est simplement consommée (Proverbe 991)

-Garhagera omu magà.

La bière ne passe pas dans les gerçures des pieds. On a beau avoir de la bière, on n'a pas encore de quoi entretenir sa santé (Proverbe 997)

-Garhanywa ngungumalè.

Un vaurien ne sait pas boire de la bière. Toute consommation exige une certaine dignité (Proverbe 1002)

-Garhatweza.

La bière ne fait pas grossir. Elle diminue la personnalité, les valeurs et les vertus humaines (Proverbe 1004)

-Go gabamba aha mukazi w'omushega.

La bière fait mieux le lit qu'une femme négligente. Quand un soulard parvient à se coucher n'importe où, comme dans un lit préparé par une femme la plus adroite. (Proverbe 1009)

-Munywi wago arhafuma birhwera.

Qui se livre à la bière, attrape des chiques. L'ivrogne devient paresseux ; il ne se soigne pas ; il devient même incapable d'enlever un chique de son pied (Proverbe 1386).

-Nazinywire arhazivurha.

Celui qui a bu se tient maladroit devant le percepteur d'impôt. La boisson appauvrit et rend incapable de s'acquitter de ses devoirs civiques. En conséquence, on finit par la prison. (Proverbe 1503)

-Nka wamanywa oku mavu, orhacilibirhaga.

Lorsque vous avez pris de la bière, ne courez plus. Ici, le mot 'courir' signifie toutes sortes de hardiesses auxquelles se livrent les personnes qui ont trop bu. (Proverbe 1542)

-Ntaco cirhagera omu musiho.

Il n'y a rien qui ne passe par le chalumeau. On boit régulièrement la bière avec le chalumeau. Au fur et à mesure qu'on boit, on se permet de tout dire en état d'ivresse (Proverbe 1570).

-Nta mugale nk'owaganywireko.

Il n'y a pas de plus riche que celui a bu. Les ivrognes se ventent de tout, même d'une richesse qu'ils n'ont pas (Proverbe 1597).

-Ogadumba arhakolola olwage.

Le mendiant de bière ne sarcle pas sa propre bananeraie (Proverbe 1856).

-Ogadumba ye gakalihira hali nago.

Le mandiant de bière est plus farouche que le propriétaire (Proverbe 1857).

-Oganywireko arhashuka busu.

L'Ivrogne ne se lave pas (Proverbe 1861).

-Oganywireko arhishi nawabo.

L'ivrogne ne reconnaît pas son maître (Proverbe 1862).

-Omudumbi oyishi ecengerero arhadumbuka.

Le mendiant de bière qui sait où se trouve le dépôt, ne rentre pas à son domicile. Devant un dépôt de bière bien de personnes perdent le sens de l'orientation ! (Proverbe 2124).

-Orhajira iragi arhafuma awalidumba : arhamuyokera omwana, amuberere akabêhè.

Celui qui n'a pas de chance n'échappe pas à celui vient lui demander de la bière. Ce dernier, devenu ivre, frappe les enfants ou brise les récipients (Proverbes 2604).

-Owanywire manyi ye derha mpu gâli minja.

On dit que la bière était bonne quand on en a pris modérément.

Attention à l'alcoolisme. Le danger y règne et y demeurera.

BIBLIOGRAPHIE SOMMAIRE

- La Bible de Jérusalem, (2001). (IVe éd.), Paris, Cerf : Verbum Bible(V.B).

-Vatican II, (1964). Constitution dogmatique 'Lumen Gentium'. Dans les Documents du Concile Vatican II, (2013), (Préface de Mgr DJOMO, N.), Kinshasa, Paulines.

- Vatican II, (1965). Constitution pastorale 'Gaudium et Spes'. Dans les Documents du Concile Vatican II, (2013), (Préface de Mgr DJOMO, N.), Kinshasa, Paulines.

- Vatican II, (1965). Déclaration sur l'éducation chrétienne 'Gravissimus Educationnis'. Dans les Documents du Concile Vatican II, (2013), (Préface de Mgr DJOMO, N.), Kinshasa, Paulines.

- Vatican II, (1965). Messages du concile. Dans les Documents du Concile Vatican II, (2013), (Préface de Mgr DJOMO, N.), Kinshasa, Paulines.

- Code du droit canonique bilingue et annoté, (2007). (3è éd., dirigé par E. Caparros et H. Aubé), Montréal, Québec, Wilson et Lafleur ltée : (W.L)

- Catéchisme de l'Eglise Catholique.(2011), Kinshasa, Paulines.

- CONSEIL PONTIFICAL JUSTICE ET PAIX,(2007). Compendium de la Doctrine Sociale de l'Eglise (Présentation du Cardinal RENATO RAFFAELE, M.), Paris, Cerf/Bayard/Fleurus-Mame.

- SACREE CONGREGATION POUR LA FAMILLE, Le rôle de famille dans le développement de la personnalité : http// www.de-ecclesia.com.

- JEAN-PAUL II (1981). *Les tâches de la famille chrétienne. Exhortation apostolique 'Familiaris Consortio'*.(Présentation de F. REFOULE), Paris, Cerf.

- JEAN-PAUL II,(1991). *Lettre Encyclique 'Centessimus annus'. A l'occasion du centenaire de 'Rerum novarum'*, Paris, Téqui.

- BENOIT XVI. (2006). *Lettre Encyclique 'Deus Caritas est'*.Sur l'amour chrétien, Kinshasa, Médiaspaul.

- Mgr MAROY,F-X.,(2015). *Lettre pastorale 'Dans la communion fraternelle, annonçons l'Evangile avec joie'*, (éd. De l'Archevêché), Bukavu.

- COMMISSION SOCIALE DE L'EPISCOPAT DE FRANCE, (2006). *L'Alcool, l'Eglise et la Société* : http://www.eglise.catholique.fr/ressource-annuaire.

-COMEAU, G., (2004). *Grâce à l'autre. Le pluralisme religieux, une chance pour la foi*, Paris, Atelier/Ouvrières

- DANIEL, A., (2011). *Le leader chrétien face à la misère de son peuple. La Miséricorde divine comme antidote au mal qui ravage notre société. Congrès sur la Miséricorde divine au Rwanda, du 18-19 octobre 2010,* Pallotti press.

- Dr René FLURIN, (2001). *La drogue, un drame de notre temps. Conseils pour la santé* : http://www.bmlweb-org/info-malade/2001.

- De QUIRINI, (2001). *Petit dictionnaire des infractions.* Kinshasa, Cepas.

- GOMEZ, H.(2011). *Guide de l'accompagnement des personnes en difficulté avec l'alcool* (2ᵉ éd.). Paris, Dunod.

- KAGARAGU, A., (1979). Emigani bali bantu. Proverbes et maximes des bashi, Bukavu. Document inédit.

- KAGARAGU, A., (1988). Bakonkwa II. Mudahinga afa n'ishali, Bukavu. Document inédit.

- MUZIGWA, J., (2003). Vers une autre approche philosophico-sociologique pour évangéliser nos jeunes : demain, quelle pépinière pour l'Eglise du XXIè Siècle ? : http:// www. over-blog.com/articles-blog/2003.

- MUYUMBU MUKALAY, (1993). Sueurs froides, Kinshasa, Saint Paul Afrique.

- MADLEN SCHUTZE et Coll.,(2011).'Alcohol attributable burden of cancer in eight European countries based on results from prospective cohort study'. *British Medical Journal, 7avril 2011.*

- RUBUGUZO MPONGO R., (2004). Dynamique de l'amour conjugal comme chemin de sainteté. Une lecture de 'Familiaris Consortio', Bukavu, Kivu Presse.

- Voici les Alcooliques Anonymes(1984). Une introduction au programme de rétablissement des Alcooliques anonymes, New York, Conférence des services généraux.

TABLE DES MATIERES

PREFACE 9
AVANT-PROPOS 13
INTRODUCTION GENERALE 15
I. ÉTAT DE LA SITUATION 19
   Témoignage historique 19
   Consommation abusive d'alcool 20
   L'alcool, une drogue dure dont l'usage est cependant licite 22
   Passage de l'état modéré à l'état abusif 23
   Chimie et fabrication 26
      Chimie 26
      Fabrication 27
   Réglementation 29
      A. Réglementation mondiale 29
      B. Limites d'âge légal à travers le monde 30
      C. Unité de mesure pour la consommation 31
   En République Démocratique du Congo ? 31
      A. Les Congolais sont poussés à « l'ivrognerie » 31
      B. Les publicités placardées dans nos villes 34
      C. Toute une génération risque d'être sacrifiée 37
   Santé 39
      Physiologie 39
Impact de l'alcoolisme sur la vie professionnelle 43
   1° En enseignement : 44
   2° Organisation sanitaire : 45
   3° Chauffeur/Motard 46

4° Sentinelle 47

5° Agent de l'ordre (Soldat/policier) 48

6° En administration politique 48

7° Agriculture 50

8° Vie sacerdotale 51

Religion 54

1° Catholicisme 54

2° Mormonisme 55

3° Adventisme 55

II. L'ECLAIRAGE DE LA FOI CHRETIENNE 59

1. La réaction chrétienne 59

2. Considérer l'alcoolique comme une personne. 60

3. "Espérer contre toute espérance" (Rm 4, 18) 61

4. Quelques orientations pratiques 62

A. La famille est éducatrice si elle est ce qu'elle doit être. 62

B. Le rôle de la société 64

C. L'école coopère à l'éducation des jeunes 66

CONCLUSION GENERALE 81

APPENDICE 83

Les dix commandements de la boisson : 83

2. Quelques Proverbes et maximes relatifs à la bière 84

www.ingramcontent.com/pod-product-compliance
Lightning Source LLC
Chambersburg PA
CBHW031204090426
42736CB00009B/780